여호수아처럼 뛰어라

여호수아처럼 뛰어라

초판 1쇄 발행 | 2015. 5. 10
초판 1쇄 인쇄 | 2015. 5. 10
지은이 | 정신일
펴낸 곳 | 크리스천리더
펴낸이 | 정신일
편　집 | 이지선
교　정 | 성주희
일부 총판 | 생명의 말씀사 (02) 3159-7979
등　록 | 제 2-2727호(1999. 9.30)
주　소 | 부천시 원미구 중동 1289번지 팰리스카운티 아이파크상가 3층
전　화 | (032) 342-1979
팩　스 | (032) 343-3567
도서 출간 상담 | E-mail:chmbit@hanmail.net
Homepage | cjesus.co.kr/juwana.co.kr

ISBN : 978-89-6594-152-1 03230

정가 : 12,000원

저자와의 협약 아래 인지는 생략되었습니다.
이 출판물은 저작권법에 의해 보호받는 창작물이므로, 무단 복제와 무단전재를 할 수 없습니다.

■ 잘못된 책은 구입하신 곳에서 바꿔드립니다.

말씀으로 현실 바라보기 [여호수아]

여호수아처럼 뛰어라

| 정신일 목사

갈등하지 말라! 좌절하지 말라!
여호수아처럼 말씀을 품고 뛰어라!

CLS 크리스천리더

저자서문

이 시대 한국은 어떤 모습인가? 잘 먹고 잘사는 나라가 되었다.
물질적 풍요로 연간 GDP가 곧 3만달러 시대에 진입한다 말하고 있다. IT강국이니, 한류열풍이니, 국제무대를 휘젖고 있는 과학 기술력은 이미 세계적이다.

그런데 이시대 예수믿는 우리는 왜 이리 우울한가?
왜 풍요로움보다 공허함과 패배의식이 가득한가?
말씀이 없어서 그렇다. 아니 말씀은 있지만 말씀에 귀기울이지 않아서 그렇다. 말씀대로 살지 않아서 그렇다. 말씀대로 살지못하게 하는 유혹들이 너무 많아서 그렇다. 비전을 향해 뛰기엔 이미 너무 배불러 있다. 이미 이루었다고 생각하고 있고, 이루고보니 할 게 없다.

세상의 모든 목표와 비전의 끝은 결국은 허무다.
너무 과장된 표현인가? 하지만 하나님께 소망을 두고, 말씀을 의지하며 나가면 지치지 않는다. 푯대를 잃지 않는다.
그런데 말씀을 붙들고 말씀대로 산다는게 어디 그렇게 쉬운가?
속 빈 강정이 되어버려서 정신적 공허감이 물질적 풍부를 채워주지 못하고 있는 이 시대.
이런 시대에 경종을 울리는 메시지가 무엇인가?
소망과 힘이 불끈불끈 솟게하고 강렬한 도전을 주는 메시지가 무엇인가? 나는 여호수아라 생각한다.

여호수아서는 전쟁이야기지만 그건 배경에 불과하다.
그곳엔 우리의 가슴을 뛰게 하는 메시지가 있다.

모세가 죽은 후 하나님께서는 모세의 수종을 들던 여호수아를 가나안 점령을 위한 지도자로 택하셨다. 그리고 하나님께서는 여호수아에게 "그 땅으로 가라"(수1:2)고 명령하셨다.
"내가 모세에게 말한 바와 같이(1:3) 네가 발바닥으로 밟는 모든 곳을 네게 주리라" 하셨다.
여호수아는 그런 하나님의 약속의 말씀을 붙잡고 뛰었다. 그리고 그 말씀대로 승리하였다.

인생의 마지막 때를 생각해본 적 있는가?
모든 것은 끝이 있고 뛰는 것을 멈출 때가 오기 마련이다.
마지막 순간에 여러분은 무슨 말을 남기겠는가?

이제 모든 피비린내 나는 전쟁이 끝나고, 여호수아도 많이 늙었다. 여호수아는 마지막 순간에 무슨 말을 남겼는가?
여호수아가 백성들에게 당부한 말은 오직 하나님을 사랑하고 말씀대로 살라는 것이다.

"그러므로 너희는 크게 힘써 모세의 율법 책에 기록된 것을 다 지켜 행하라 그것을 떠나 우로나 좌로나 치우치지 말라"(23:6)

이 책은 세상 가운데 좌절하고, 패배의식에 사로 잡히고, 무언가 이루게 없다생각하는 세대에게 큰 힘을 줄것이다.

또한 세상을 향한 목적도 방향을 잡지못하고 있는 세대에게 분명한 인생의 방향을 제시해주리라 믿는다.

예전의 신앙을 회복 못하고, 일상의 은혜를 제대로 경험못하는 자들에게는 멈춰진 영적 심장을 다시 뛰게할 것이다.

이 시대는 정신을 차리고 벌떡 일어나 여호수아처럼 뛰어야 할 때이다. 부정적이고, 불가능하고, 안 될 것 같은 상황이라 할지라도, 하나님은 하실 수 있다. 그 기적의 역사를 여호수아를 통해 발견하게 될것이다.

부족한 글을 정리하여 출간하게되니 참으로 감사할 분들이 참 많다.

먼저 목회의 길을 열어주시고, 늘 관심과 사랑으로 이끌어주시는 영적 스승되시는 성수교회 김창욱 목사님께 감사한다.

또한 크리스천리더학교 지체들과 세미나 사역을 함께 하는 교회사역개발원 본부장님이하 믿음의 식구들께 감사한다.

또한 이 책을 꼼꼼히 교정하고 편집하여 출간에 힘써준 크리스천리더 출판사 직원에게 감사한다.

무엇보다 사랑하는 아내 박미옥 사모에게 감사하고, 사랑하는 아들 찬양이, 그리고 이 책 이 나올수 있을때까지 늘 기도해주신 기쁨의 교회 모든 성도님들께 감사한다.

우리 모두 화이팅 하자!
여호수아처럼 뛰라.

2015년 5월 크리스천리더 대표
기쁨의 교회 정신일 목사

Contents

저자서문 • 4

1장 워밍업(Warming-Up)

1. 여호수아 같은 리더가 되라(수 1:10~18) • 12
2. 믿음은 듣는 것에서 시작된다(수 2:8~14) • 25
3. 더 이상 그 자리에 머뭇거리지 말라 (수 3:1~10) • 41

2장 말씀풀고 출발하기(Start)

4. 다음 세대에게 무엇이 필요한가 (수 4:17~24) • 58
5. 초월적인 기적, 현실속의 기적 그리고 현실 (수 5:1~15) • 73
6. 무력이 아닌 하나님의 방법으로 (수 6:1~9) • 85
7. 될 것 같은 일도 안 되는 이유 (수 7:1~13) • 97

3장 소망품고 달리기 *(Start dash)*

    8. 승리 그 이후가 중요하다 (수 8:1~9) • 112
    9. 기도는 영적 소통이다 (수 9:1~9) • 124
    10. 하나님과 함께 호흡하라 (수 10장) • 137
    11. 내가 해결해줄게 (수 11:1~23) • 149

4장 전력 질주 하기 *(Spurt)*

    12. 거룩한 레위지파가 되라 (수 12~13장) • 164
    13. 이 산지를 내게 주소서 (수 14:6~12) • 175
    14. 하나님의 약속의 말씀을 붙들라 (수 15:13~19) • 187

5장 순종하며 마무리하기 *(Finish)*

    15. 순종을 다했다면 당당히 요구하라 (수 21:1~3, 22:1~6) • 202
    16. 오해와 갈등, 이렇게 해결하라 (수 22:30~34) • 212
    17. 코람데오의 신앙정신 (수 24장) • 226

1장 워밍업 *(Warming-Up)*

"이 시대는 용기가 필요한 시대가 아니라,
믿음이 필요한 시대이다."

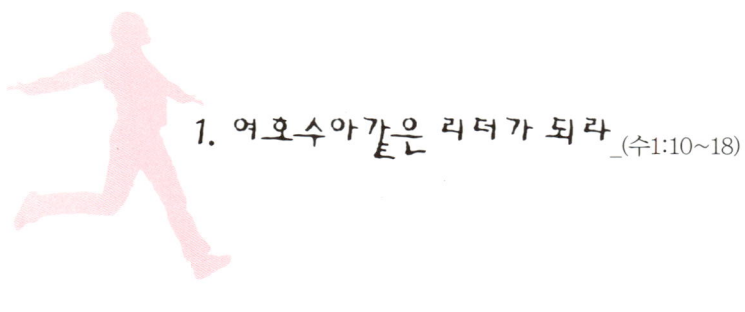

1. 여호수아같은 리더가 되라 _(수1:10~18)

어느 교회에 초보 전도사님이 새로 부임했다. 그리고 얼마 지나지 않아 모든 것이 낯설고 힘든 그에게 담임목사님께선 다음 주 예배 설교를 부탁하셨다. 설교를 해본 적 없는 전도사는 며칠을 고민하던 중, 옆 교회에 최고로 설교를 잘하는 부흥강사가 왔단 소리를 들었다. 그리고 그는 그곳에서 좀 배워 와야겠다고 생각했다.

그 부흥강사는 소문대로 많은 성도들을 울리기도 하고 웃기기도 했다. 그리고 그때 부흥강사는 갑자기 심각한 표정을 지으며 이렇게 말했다.

"제가 여지껏 안아본 여자 중에 가장 따뜻하고 포근한 여자는 남의 남편의 아내였습니다."

교회가 수군거리기 시작했다. 그러자 부흥강사는 눈물을 흘리며,
"그 여인은 바로 나의 어머니였습니다."

성도들은 박수를 치며 감동에 젖었고 전도사는 방법을 찾은듯이 열심히 적었다. 그리고 드디어 전도사의 설교시간이 되었다.

전도사는 청심환 몇 병을 마시고 부흥강사가 하던 그대로 설교를 했다. 그런데 반응은 썰렁하기만 했다. 딴짓을 하고 꾸벅꾸벅 졸고

난리가 아니었다. 그때 전도사는 드디어 비장의 카드를 꺼냈다.

"제가 여지껏 안아본 여자 중에 가장 따뜻하고 포근한 여자는 남의 남편의 아내였습니다."

그 말이 떨어지자 갑자기 주위가 수군수군 거리기 시작했다. 졸던 사람도 벌떡 일어났다.

그런데 전도사가 너무 긴장한 나머지 뒷말이 생각나지 않는 것이다. 아무리 생각해도 뒷말이 생각이 나지 않자, 그는 한참을 머뭇거리더니, "그런데, 그런데 그 여자가 누군지 기억이 나질 않습니다."

그 뒤로 그 교회에서 이 전도사를 본 사람은 아무도 없었다.

웃을 수도, 울 수도 없는 그야말로 웃픈 이야기 이지만 이 이야기를 통해 우리는 리더의 중요성을 깊이 생각하게 된다.

어느 모임이든 그 모임에는 리더가 있다. 그리고 리더는 추진력도 있어야 하고, 모임에 대해 잘 알고 있어야 한다. 또한 긍정적인 마인드로 멤버들이 따라올 만한 메리트가 있어야 한다.

리더는 몇 가지 그럴싸한 방법론으로 세워지는 것이 아니다. 리더는 여호수아와 같은 열심과 풍부한 경험이 뒤따라야 한다.

모세가 죽고 난 이후에 막중한 사명을 부여받은 여호수아는 이제 하나님의 사명을 수행해 나아갔다. 이는 싸울 준비를 하러 가는 것이었으며 여호수아는 말씀에 순종하여 가나안 땅을 진군하기 위해 철저한 준비를 했다.

우리도 세상에서 많은 준비를 하고 살아간다. 신앙의 준비, 세상을 향해 나갈 준비, 닥쳐오는 모든 시험과 환란을 극복할 준비.

'가나안을 정복하라'

이것은 이 세상 모든 교회의 당면과제이다. 여호수아가 가나안을 향해 진군하듯, 교회도 세상을 향해 하나님이 원하시는 부흥을 위해 진군하고 있는 것이다.

그런데 가나안이 그렇게 호락호락한 지역인가? 그렇지 않다. 그렇기 때문에 여호수아는 하나님께 기도하며 가나안을 점령하기 위해 철저히 준비했다.

말씀에는 여호수아의 가나안 진군을 위한 준비, 백성들의 다짐과 자세가 잘 나타나 있고 이제 여호수아는 준비한 대로, 하나님께 기도한 대로 행동을 취한다.

*여호수아는 두 그룹의 리더들에게 명령을 내렸다. 먼저 백성의 관리에게 명령을 내렸는데, 여기서 백성의 관리들이란, 전쟁 참모들이나 지휘관이 아니라 일종의 행정적 임무를 수행하는 관리들이다.

"이에 여호수아가 그 백성의 관리들에게 명령하여 이르되 진중에 두루 다니며 그 백성에게 명령하여 이르기를 양식을 준비하라 사흘 안에 너희가 이 요단을 건너 너희의 하나님 여호와께서 너희에게 주사 차지하게 하시는 땅을 차지하기 위하여 들어갈 것임이니라 하라" (1:10~11)

---

*여호수아(Joshua)
에브라임 지파 눈의 아들이며 본명은 호세아이다(민 13:8). 모세의 수종자가 되어 항상 회막 곁에 있었으며(출 33:11), 가나안의 12정탐꾼 중 한 사람으로 정탐에 대한 긍정적인 보고를 했다.
이후 여호와의 명령으로 제사장 엘르아살에 의해 회중의 목전에서 안수받고 모세의 후계자가 되었다 (민 27:18-23).
모세 사후 애굽에서 탈출한 이스라엘 민족을 이끌고 요단 강을 건너 여리고, 아이, 예루살렘, 헤브론 등 가나안의 여러 성을 정복했다. 가나안 정복지들을 이스라엘 12지파에게 분배한 뒤 여호와를 경외하라는 권면을 남기고 110세에 죽어 딤낫세라에 장사되었다.

관리들은 여호수아의 명령을 받들고 분주하게 '진중', 다시 말해 백성들이 텐트를 친 캠프를 두루 찾아다니면서, 사흘 후면 이곳을 떠날 것이니 이동에 필요한 '양식을 준비하라'고 명령을 내렸다.

전쟁을 치르기 위해 필요한 요소 중 하나가 바로 양식이다.

북한이 남한을 절대 공격하지 못하는 가장 큰 이유가 장기전에 돌입할 양식이 부족하다는 점이라고 한다. 그렇기 때문에 북한은 쉽사리 전면전을 취하지 못하고, 소규모 게릴라전이나 얄팍한 국지전만 지속적으로 할 것이라고 전문가들은 이야기한다. 이처럼 전쟁을 하기 위해서는 충분한 양식이 필요하다.

지금 이스라엘 백성들이 가나안 족속을 향해 싸우러 나아갔듯이 현재의 우리도 영적으로는 전시상태라는 것을 기억해야 한다.

우리는 세상이 치열한 영적 전쟁터라는 것을 쉽게 잊고 살아가지만 성경은 우리의 싸움 상대가 누구인지 분명하게 말씀하고 있다.

"우리의 씨름은 혈과 육을 상대하는 것이 아니요 통치자들과 권세들과 이 어둠의 세상 주관자들과 하늘에 있는 악의 영들을 상대함이라"(에베소서 6:12)

우리는 당해낼 재간이 없기 때문에 하나님의 전신갑주로 무장해야 한다.

"그런즉 서서 진리로 너희 허리띠를 띠고 의의 호심경을 붙이고 평안의 복음이 준비한 것으로 신을 신고 모든 것 위에 믿음의 방패를 가지고 이로써 능히 악한 자의 모든 불화살을 소멸하고 구원의 투구와 성령의 검 곧 하나님의 말씀을 가지라"(에베소서 6:14~17)

여기에 나와 있는 무기들은 모두 방어용 무기이다. 진리의 허리띠, 의의 호심경, 평안의 신, 믿음의 방패, 구원의 투구. 그런데 이 중에 유일한 공격 무기가 있다. 그것이 바로 성령의 검이다.

"…성령의 검 곧 하나님의 말씀을 가지라"(에베소서 6:17b)

검은 적진을 향해 직접적으로 공격하는 무기이다. 악한 마귀 사탄에게 직접적인 치명상을 입힐 무기인 것이다.

이 유일한 공격 무기인 성령의 검이 곧 하나님의 말씀이라고 이야기하고 있다. 그것이 우리가 준비해야 할 영의 양식, 하나님의 말씀이다. 그러므로 우리도 말씀의 양식을 잘 준비하여 다음 세대를 위해 철저히 준비해야 한다.

여호수아는 또한 각 지파에게 명령한다. 앞서 백성의 관리들에게 캠프를 돌아다니며 양식을 준비하게 했는데, 이제 여호수아는 각 지파에게 명령한다.

"여호수아가 또 르우벤 지파와 갓 지파와 므낫세 반 지파에게 말하여 이르되 여호와의 종 모세가 너희에게 명령하여 이르기를 너희의 하나님 여호와께서 너희에게 안식을 주시며 이 땅을 너희에게 주시리라 하였나니 너희는 그 말을 기억하라"(1:12~13)

여호수아는 각 지파들에게 "이 땅을 주시리라 한 그 말을 기억하고 믿으라"고 명령한다.

이는 하나님께서 주신 그 약속의 말씀을 믿고 나아가자고 확신을 심어준 것이다.

그리고 14절 이하에 여호수아는 각 지파들에게 싸움을 직접적으로 돕기 힘든 처자와 아이들과 많은 가축들은 요단 강 동편에 머물게 하도록 명령하였다. 또한 싸울 용사들은 무장하여 동족들과 합세해 '그 땅을 차지하기까지 싸우라' 고 명령했다.

미국 캘리포니아 북부에는 레드우드(Redwood)라는 나무가 있다. 이 나무는 아주 큰 나무인데 그 크기가 커서 나무의 밑둥치를 뚫어 차들이 지나다닐 수 있게 길을 만들어 놓은 곳도 있다.

둘레는 수십 미터, 높이는 수백 미터에 이르는 이 나무 중에는 나이가 2500년 되는 나무도 있다.

그렇다면 2500년이라는 세월을 이 나무가 어떻게 견뎌냈을까. 뿌리가 깊어서일까? 물론 뿌리가 깊기도 하지만 뿌리때문은 아니다.

그것은 다른 나무들과 뿌리가 서로 엉켜있어서 레드우드나무가 거대한 숲을 이루게 되었는데 서로 엉켜진 그 힘이 무려 2500년 된 나무도 쓰러지지 않고 버텨낼 수 있었다는 것이다.

우리는 레드우드나무처럼 개인 한 사람, 한 사람이 공동체 안에서 얼마나 중요한지를 깨닫는다. 이와 마찬가지로 하나님께서 가장 소중하게 생각하시는 것, 가장 중요시 여기시는 것은 '한 사람' 이며 그래서 '한 사람' 을 세우는 일은 중요하다.

또한 교회는 내가 주인이라는 의식을 갖고 다녀야 한다. 소속감 없이 다닌다면 교회에 오는 손님인 것이지, 주인은 절대 되지 못한다.

예를 들어 집에 손님이 놀러왔다고 생각해보자. 주인은 손님을 접대를 한다. 집안 청소는 어떠한가? 당연히 주인이 한다. 방 안을 꾸미고 하다못해 액자 하나를 걸더라도 모두 주인이 하게 된다.

직접 청소하고, 손님들을 위해 음식을 만드는 것, 그것은 조금 귀찮을 수 있지만 불평하는 주인은 없다. 왜 그럴까? 내 것이기 때문에, 내가 주인이기 때문에 그렇다. 주인이라면 주인답게 신앙생활을 해야 한다.

진심으로 여러분이 섬기는 교회에 애착과 소속감을 가지고 교회를 사랑하길 바란다. 애착의 깊이는 자신의 신앙의 연수와 땀 흘린 수고만큼 깊어진다. 나는 당당히 주인으로 군림라고 이야기하고 싶다.

특별히 교회는 여호수아와 같은 리더들이 더 많아져야 한다.

'뭐가 없어서 못해요. 난 재능이 없어서, 안 되서 못해요.' 라는 나약한 소리보다, 맑은 정신을 갖고 '믿습니다.' 라고 선포하며 나아가면 된다. 묻지도 따지지도 말고 여호수아처럼 일어서라. 그리고 순종하라. 그것이 믿는 자 다운 행동이다.

하나님의 리더인 여호수아는 철저히 준비하고 진군을 명령했다. 그렇다면 이제 무엇이 문제인가? 그것은 백성들이 어떻게 받아들이느냐하는 것이었다.

리더인 여호수아가 하나님의 명령을 따라, 모세의 명령을 따라 모든 백성들에게 명령을 내렸다. 그때 이스라엘 백성들은 어떤 반응을 보였을까?

여호수아가 명령한 것은 다 행할 것이라고 말한다.

이것은 '여호수아의 말에는 절대 복종하겠다, 절대 순종하겠다' 라는 굳은 맹세이다. 또한 여호수아를 최고의 수장으로 최고의 리더로 인정하겠다는 말이다.

"그들이 여호수아에게 대답하여 이르되 당신이 우리에게 명령하신 것은 우리가 다 행할 것이요 당신이 우리를 보내시는 곳에는 우리가 가리이다" (1:16)

이는 '당신이 명령하시는 것은 다 행할 것입니다. 당신이 보내시는 곳이라면 우리가 다 가겠습니다.' 라는 말이며 이렇게 철저히 순종하고 충성할 것을 백성들은 다짐한다.

강철왕 카네기가 늙어서 죽을 날이 가까웠을 때였다. 온 세상은 그의 후계자 문제에 이목이 집중되고 있었다. 그리고 이 일은 마침내 뉴스가 되어 계속해서 신문지상에 오르내리기 시작했다. 그러나 막상 그가 그의 후계자를 지목했을 때, 전 세계는 깜짝 놀라지 않을 수 없었다. 그 이유는 그가 '쉬브'라고 하는 무명의 사람을 후계자로 지목했기 때문이다.

초등학교 학력의 '쉬브'는 처음 카네기 회사에 입사했을 때 청소부로 들어갔고, 그가 청소부로서 맡은 일은 큰 공장의 정원 관리를 하는 것이었다.

그러나 그는 한 부분의 정원 관리 뿐 아니라, 공장의 여러 구석진 곳까지 청소했고 이러한 그의 평범한 진실은 이후, 회사의 정식 사원으로 채용되는 요건이 되었다.

또한 그가 남달리 열심히 일했던 것이 알려져 나중에 회사 간부들에 의해 사무직으로 옮겨졌다. 그리고 그가 사무직을 맡은 후에도 빈틈없는 그의 충성은 또 인정받게 되어, 마침내 카네기의 비서로 발탁이 되었다.

그가 카네기의 비서가 된 후, 그는 그의 눈과 손과 발이 되고 입이 되었다. 카네기가 움직이는 곳에는 쉬브가 있고, 쉬브가 있는 곳에는 카네기가 있었다. 카네가가 움직이는 곳에는 언제나 펜과 메모지를 들고 서 있는 쉬브의 모습을 쉽게 볼 수 있었다.

어느 날 카네기가 자기 혼자서 밤이 늦도록 사무실에서 생산 과정에 대한 연구를 마치고 집으로 돌아가기 위하여 나왔다. 그 때 그 사무실 문 밖에 쉬브가 서 있음을 보았다. 카네기는 놀랐다.

"아니, 자네는 왜 아직도 퇴근하지 않았는가? 밤이 너무 깊지 않았는가?"

그러자 쉬브는 조용히 웃으며 "사장님께서 저를 언제 부르실지 알 수 없는데 제가 어찌 자리를 비울 수 있겠습니까?" 라고 대답했다.

그는 청소부로 그 회사에 들어와 마침내 유명한 카네기 회사를 이어받는 후계자가 되었고 그 비결은 사심 없는 충성이었다.

그는 작은 일에서부터 큰일에 이르기까지 충성 외에는 아무것도 몰랐다. 회사 청소부시절 회사의 구석구석을 모두 알았고, 사원이 되어서는 회사의 일들을 피부로 맛보고, 회사의 내용을 기록으로 체험할 수 있었다. 그리고 마침내 카네기의 비서로, 사장의 눈과 귀와 손과 발과 입이 되는 동안 그는 카네기 강철회사를 자신의 삶에 새겼다.

'충성, 순종'이라고 하는 간단한 삶의 무기로 그 회사와 운명을 함께한 것이다.

하나님께서는 지금도 우리가 행할 일들에 대해 말씀하시며 해야 할 사명을 주신다. 그런데 문제는 우리가 어떻게 받아들이느냐는 것이다. 아무리 하나님께서 믿음으로 사는 것은 이것이고 세상을 치유하고 섬기는 것이 이것이라고 말씀하시더라도 내가 그것을 받아들이지 않는다면 아무 소용이 없다. 그래서 받아들이는 것은 중요하다.

백성들은 리더 여호수아의 말을 듣고 어떻게 반응했는지 기억해보자. 이스라엘 백성들은 한마디로 절대 복종, 절대 순종이었다.

하나님께서는 우리에게 똑같이 명령하신다.

'주일학교, 힘써 하라'고 명령하신다. '중고등부, 바로 세우라'고 명령하신다. '전도하라'고 명령하신다.

"너희는 어떻게 할 것이냐?"라고 말씀하신다면 우리는 어떻게 해야 할까? 그 물음에 어떻게 해야 할까? 이스라엘 백성들이 여호수아에게 말한 것처럼 "주님, 다하겠습니다. 주님 말씀에 순종하겠습니다." 하는 담대한 결심을 가지고 나가야 한다.

백성들은 또한 여호수아에게 무엇을 다짐하고 있는가?

"우리는 범사에 모세에게 순종한 것같이 당신에게 순종하려니와 오직 당신의 하나님 여호와께서 모세와 함께 계시던 것같이 당신과 함께 계시기를 원하나이다"(1:17)

모세에게 순종한 것같이 순종하겠다고 말한다. 여호수아는 그의 지도자 모세에게 철저히 순종했고 백성들은 그 모습을 늘 보아왔다. 어떤 일이든지 순종은 순종을 낳는다. 순종은 본보기가 있어야 한다. 순종은 하라고 해서 하는 것이 아니다.

1. 여호수아같은 리더가 되라

예수님께서는 제자들의 발을 씻기셨다. '내가 이처럼 발을 씻겼으니' 다시 말해 순종의 본을 보였으니, '너희도 서로 발을 씻겨라. 순종하라' 고 말씀하셨다.

우리도 예수님의 본을 따라 순종하는 삶을 살아야 한다. 나는 순종하지 않으면서, 나는 하나님 말씀대로 살아가지 않으면서 내가 가르치는 아이들에게 순종을 말할 수 없다.

기도하지 않으면서, 말씀 묵상을 하지 않으면서, '말씀대로 살아라. 기도하며 살아라.' 라고 한다는 것은 위선이다. 내가 봉사하지도 않고, 내가 섬기지도 않으면서 어떻게 다른 사람에게 봉사하고 섬기라고 할 수 있을까? 교회는 하나님께 절대 복종하고, 말씀대로 실천하며 기도하는 리더들을 세워야 한다. 그러므로 모든 것에 있어서 신앙의 본이 되는 사람들이 세워져야 한다.

리더들에게 가장 필요한 것은 무엇인가? 리더십인가, 아니면 능력인가? 그러나 믿음 안에서 이런 것은 그리 중요하지 않다. 리더들에게 필요한 것은 능력이 아니라 순종이다.

여호수아가 모세에게 순종한 것과 같이 순종하길 바란다. 이스라엘 백성들이 리더인 모세와 여호수아에게 순종했듯이 우리 모두는 각 교회의 치리와 비전에 순종해야 한다.

교회에는 지금의 우리보다 신앙이 부족한 자들, 아직 믿음이 없는 자들이 많이 올 것인데, 신앙의 경건성이 없는 자들이 여러분들에게 순종의 이유를 물을 것이다. 그들에게 무엇을 말해주겠는가?

목사가 되었든, 집사가 되었든, 장로가 되었든, 권사가 되었든 순종해야 하는 명백한 이유를 보여주라. 순종의 이유를 설명해 주라.

"이스라엘 백성처럼, 모세가 하나님께 순종한 것처럼, 여호수아가 모세에게 순종한 것처럼, 예수님께서 하나님께 죽기까지 순종하신 것처럼 그렇게 우리가 당신께 순종하겠습니다."

순종이 순종을 낳게 된다는 것의 의미를 우리가 보여주어야 한다.
여호수아는 어느 날 갑자기 세워진 지도자가 아니라, 이미 모세를 통해 모든 것을 배우고, 전달받고, 또한 충분한 순종을 경험했던 인물이었다. 여호수아가 모세의 명령에 절대 순종하였기에 백성들 역시 그 아름다운 순종의 모습을 보고 순종하였던 것이다. 순종은 순종을 낳는다.

"누구든지 당신의 명령을 거역하며 당신의 말씀을 순종하지 아니하는 자는 죽임을 당하리니 오직 강하고 담대하소서" (1:18)

이스라엘 백성들은 '명령에 거역하는 자는 죽임을 당할 것이다.'라고 다짐하고 맹세한다.
'명령에 거역한다'에서 '거역한다'는 히브리어 '마라'라는 단어로, 하나님의 명령에 대한 거역을 말하기도 하지만 특별히 오늘 본문에서는 하나님에 의해 선택된 그 대표자의 명령을 거역하는 것을 의미한다.
백성들은 '여호수아의 명령에 거역하지 않겠다. 만약에 거역하면 죽임당하겠다'라고 말하고 있다.

"…네 하나님 여호와 앞에 서서 섬기는 제사장이나 재판장에게 듣지 아니하

거든 그 사람을 죽여 이스라엘 중에서 악을 제하여 버리라"(신명기 17:12b)

다시 말해 율법대로 처벌을 받겠다는 백성들의 굳은 다짐이다. 이 시대에 말씀에 순종한다는 것은 신앙생활을 제대로 한다는 것과 말씀대로 살아간다는 것을 의미한다.

이스라엘 백성들이 여호수아에게 "오직 명령에 따를 테니 걱정 마시고 오직 강하고 담대하소서" 하며 위로하였듯이 서로 위로와 격려를 아끼지 말아야 한다. 성도들은 목회자가 전하는 말씀에 은혜 받고 위로를 받는다. 목회자는 어떠한가? 마찬가지로 성도들을 통해 위로를 받는다. 위로는 서로 하는 것이다.

물론 사람의 위로는 한계가 있지만 그럼에도 서로를 위로하고 격려해야 한다. 서로 간의 위로와 격려는 더욱 더 하나님 사역에 집중하게 하는 큰 동기가 된다.

우리는 여러분 형편은 어떠한가? 고난의 가시밭길을 걷고있다 생각하는가? 아니다. 고난의 가시밭길을 걷고 있는 것이 아니다.

기쁨과 소망의 씨앗을 심고 있는 것이다.

세상 살기가 힘들고 지쳐 상심이 되는가. 툭툭 털고 일어서라.

황폐해진 세상을 갈고 닦고 씨를 뿌려 풍성한 옥토의 땅으로 만들어 복음이 세상을 치유하고 회복시킬 큰 소망과 힘이 된다는 것을 보여주자.

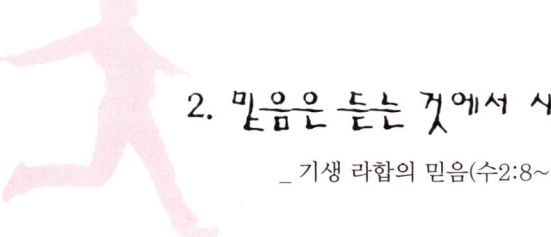

2. 믿음은 듣는 것에서 시작된다
_ 기생 라합의 믿음(수2:8~14)

    여호수아 2장에 여호수아와 백성들이 머물러 있는 곳은 '아카시아 나무'란 뜻을 가지고 있는 '싯딤'으로 싯딤은 정복해야 할 여리고와 불과 18km밖에 떨어지지 않은 곳이었다.
    또한 여리고와 싯딤 가운데는 요단강이 흐르고 있고 요단강만 넘으면 바로 견고한 여리고 성이었다. 여호수아는 이 싯딤에서 가나안 땅과 여리고 성의 동태를 파악하기 위해 두 명의 정탐꾼을 보내고 그들은 몰래 여리고로 들어가 라합이라는 기생의 집에 머물게 되었다.
    그런데 이스라엘 정탐꾼들이 여리고에 들어왔다는 사실을 알게 된 사람들은 그 사실을 여리고 성의 왕에게 보고한다.

"어떤 사람이 여리고 왕에게 말하여 이르되 보소서 이 밤에 이스라엘 자손 중의 몇 사람이 이 땅을 정탐하러 이리로 들어왔나이다" (2:2)

    여리고 왕은 기생 라합 집에 정탐꾼이 있다는 사실을 알고 사람을 보내었지만, 라합은 이스라엘 정탐꾼을 자기가 사는 집 지붕에 숨겨주었다. 라합은 바로 적군의 첩자를 숨겨준 것이다.

라합의 이러한 행동은 전시 상태에서 매국적인 행동이었다. 또한 목숨을 건 행동이었다.

하나님의 이스라엘 구원의 큰 줄기 중 하나가 바로 가나안 정복이었고, 가나안 정복의 가장 큰 복병 중 하나가 바로 견고한 여리고 성이었는데 라합은 왜 정탐꾼을 살려주어 여리고 점령에 결정적인 역할을 하였을까? 라합은 적의 첩자를 숨겨주었다는 사실이 발각되면 죽음을 면치 못할 것을 뻔히 알았을 텐데 왜 그런 무모한 행동을 했던 것일까?

결론부터 보자면 라합의 행동은 하나님에 대한 믿음의 반응이라는 사실이다. 라합은 이스라엘의 하나님이 유일하신 최고의 신이라는 사실을 믿었다. 그리고 여리고 성은 여호와 하나님이 함께하셔서 곧 함락당할 것이라는 사실도 알았다. 라합은 여호수아도, 이스라엘 백성도 아닌, 하나님에 대한 믿음이 있었다. 자신의 도움으로 인해 닥치게 될 전쟁의 피바람 속에서도 분명 하나님께서 구원해주시리란 분명한 생각을 가지고 있었던 것이다.

미국에 알래스카에 스티브라는 청년은 교회에 다니며 믿음이 생기게 되었다. 그러던 어느 날, 교회 목사님은 마태복음 17장 20절 말씀을 본문으로 겨자씨만한 믿음만 있으면 산을 옮길 수 있다는 내용의 설교를 전해주셨다. 마침 그의 집 뒷산에는 겨울이면 눈사태가 나서 골치를 앓고 있었던 차였는데 설교말씀을 들은 스티브는 기도를 해보기로 작정했다.

"하나님 저 산을 옮겨주옵소서."

소식을 듣게 된 목사님은 은근히 걱정되었다. 성경에도 겨자씨만 한 믿음만 있으면 산을 옮길 수 있다고 했지, 실제로 산이 옮겨졌다는 기록이 없기 때문이었다.

스티브의 기도는 분명 응답을 받지 못할 것이 뻔했기에 목사님은 "하나님 기도 응답이 없음으로 상심하지 않게 하옵소서"라고 기도했다. 그래도 스티브의 기도는 그치지 않았다.

그렇게 40일이 되는 날, 스티브는 목사님을 찾아왔다. 목사님은 "아, 이제 올 것이 왔구나."라고 생각하며 무언가 위로해줄 말을 생각하고 있었다. 그런데 스티브는 싱글벙글 웃으면서 이렇게 말하는 것이었다.

"목사님, 20세기에는 산을 번쩍 들어서 옮기시는 게 아니라 기계로 옮기시더군요."

알고 보니 새로 생긴 고속도로에 흙이 필요해서 어느 날 부터인가 큰 트럭들이 몰려오더니 그 흙을 계속 옮겨갔고 이젠 산이 거의 다 없어져 갔다고 말하는 것이다.

그렇다. 믿음은 이런 것이다. 우리의 믿음은 산을 옮길 수 있다.

라합의 직업은 기생이고 기생은 술을 파는 천한 직업이다. 과연 술만 팔았을까? 아마 윤락 행위도 했을 것이라 생각된다. 다시 말해 라합은 당시 도덕적으로나 윤리적으로 지탄받아 마땅한 직업을 가진 여인이었다.

그럼에도 기생 라합이 구원을 받은 사건은, 하나님의 구원이 이스라엘뿐 아니라 모든 이방인에게까지 이른다는 사실을 확인해주는 것이며, 하나님께서는 천하고 죄 많은 인생도 죄 사함을 통해 구원의 길로 이끄신다는 사실을 보여주고 있다.

앞에서 라합은 하나님에 대한 믿음으로 그러한 행동을 했다고 했는데, 그렇다면 라합의 믿음은 어디서 생겼을까? 라합의 믿음은 들음에서 생겼다.

"그러므로 믿음은 들음에서 나며 들음은 그리스도의 말씀으로 말미암았느니라" (로마서 10:17)

우리가 불신자를 전도한다는 것은 그들로 하여금 교회에 오도록 하는 것이다. 사실 더 정확히 말하자면 교회에 와서 말씀을 듣도록 하는 것이 궁극적인 목표이다. 그러기에 찬양도, 기도도, 설교도 하나님의 말씀으로 빚어진 그릇과 같다. 말씀 듣는 것을 허술히 생각해선 안 된다.

가나안은 당시 지리적으로 볼 때, 메소포타미아와 이집트를 잇는 위치에 있었다.
그렇기 때문에 두 문명의 다양한 영향을 모두 받았기에 다양한 종교, 다양한 문화가 공존해 있던 지역이 가나안이었으며 특히 종교적으로 바알과 아세라 우상을 섬기는 민족이었다.
라합은 이스라엘이 왕도 없는 족속이며 또한 오랫동안 애굽에서 종살이하던 하찮은 민족이라는 시대적 상황을 정확하게 알고 있었지만 하나님이 그들과 함께 계시다는 사실 또한 알았다. 하나님께서 강력하게 이끄신다는 사실을 듣고 있었고, 알고 있었으며, 믿었다. 이렇듯 라합의 믿음은 소문과 기적적인 이야기들을 들음에서 생겨난 것이다.

그렇다면 라합은 하나님에 대해 어떤 것을 들었는가?

"말하되 여호와께서 이 땅을 너희에게 주신 줄을 내가 아노라 우리가 너희를 심히 두려워하고 이 땅 주민들이 다 너희 앞에서 간담이 녹나니 이는 너희가 애굽에서 나올 때에 여호와께서 너희 앞에서 홍해 물을 마르게 하신 일과 너희가 요단 저쪽에 있는 아모리 사람의 두 왕 시혼과 옥에게 행한 일 곧 그들을 전멸시킨 일을 우리가 들었음이니라" (2:9~10)

라합은 '이 가나안 땅을 너희에게 주신 걸 안다'고 말하고 있다. 이미 전쟁도 치르기 전에 여호와 하나님께서 가나안 땅을 쳐서 승리할 것을 믿고 있었다. 그래서 '너희를 심히 두려워하고 있다'고 고백한 것이다.

그러나 그 두려움은 '이 땅 주민들이 다 너희 앞에서 간담이 녹았다'고 고백한 것처럼 라합에게만 있었던 것이 아니다.

라합의 믿음의 시작은 들음에서 시작되었다. 그 들음 중에는 헛소문도 있었을 것이고 과장된 소문도 있었겠지만, 계속 들려오는 소문 속에서도 여호와 하나님께서 이스라엘을 주도적으로 이끌고 가신다는 것을 확신하게 되었다.

"아, 그렇구나. 여호와 하나님은 분명 이스라엘 위에 계시는구나.

정말 대단한 전쟁의 신이구나. 이제 나도 하나님을 믿고 따라야겠다. 분명 이 여리고 성은 여호와 하나님에 의해 멸망당할 것이다."라는 확신은 믿음이 되었다. 분명 믿음은 들음에서 난다.

한편, 라합의 믿음과 똑같은 사람을 신약에서 찾는다면 거지 바디매오를 들 수 있다.

라합이 하나님에 대한 소문을 듣고 가나안 땅을 취하실 것을 믿은 것과 마찬가지로 바디매오는 예수님의 소문을 들었다.

라합이 무수한 소문을 들었던 것처럼 바디매오도 예수님께서 눈 먼 자를 고치시고, 저는 자를 일으켜 세우시며, 손 마른 자를 펴주시고, 심지어 죽은 자도 살리셨다는 소문을 들어 알고 있었다. 그런데 기회가 왔다. 능력 많으신 예수님께서 자기가 있는 거리로 오고 있다는 소식이 들은 것이다.

라합에게도 기회가 왔다. 이스라엘의 정탐꾼들이 자신에게 옴으로 하나님께 나아갈 수 있는 기회가 생긴 것이다. 라합도, 바디매오도 그 기회를 놓치지 않았다.

바디매오는 예수님께서 자신의 두 눈을 뜨게 할 능력이 있으신 분이라는 걸 믿고 이 거리를 지나시면 다시는 만날 기회가 없다는 사실에 소리쳤다.

"나사렛 예수시란 말을 듣고 소리 질러 이르되 다윗의 자손 예수여 나를 불쌍히 여기소서 하거늘 많은 사람이 꾸짖어 잠잠하라 하되 그가 더욱 크게 소리 질러 이르되 다윗의 자손이여 나를 불쌍히 여기소서 하는지라"(마가복음

10:47~48)

고래고래 소리치니 많은 사람들은 그를 꾸짖으며 '잠잠하라. 가만히 있으라' 하였지만 그는 더욱 크게 소리 질렀다.

그때 그 소리를 들은 예수님께서 "내가 무엇을 해주기 원하느냐?" 물으셨고, 바디매오는 "주여 보기를 원하나이다"라고 대답했다. 그런 그에게 예수님께서 "네 믿음대로 될지어다"라고 말씀하시자 바디매오는 곧 눈을 떴다.

바디매오 역시 들음은 확신이, 확신은 곧 믿음이 되었다.

사실 가나안의 입장에서 보면 지금 진군해 오려는 여호수아와 이스라엘 민족을 무서워하고 두려워할 하등의 이유가 없었다.

여리고 성은 높이가 무려 17미터로 엄청난 높이에 넓이는 2중성으로 되어 있는데 그 두 폭이 대략 5미터 정도로 버스 두 대를 겹쳐 놓은 듯한 넓이였다. 이스라엘의 장난감 같은 칼과 창으로 이 견고한 성을 결코 무너뜨릴 수는 없었다.

17미터나 되는 성곽을 타고 올라오지도 못한다. 이 성이 무너지기 전에는 결코 타고 올라갈 수 없는 견고한 성이었다.

이스라엘 백성들에게는 강력한 무기도 없고 훈련된 병사도 별로 없었다. 그런데 왜 이스라엘을 그렇게 무서워하고 있는 걸까. 가나안 족속들이 간담이 서늘할 정도로 이스라엘을 무서워하고 있는 이유는 무엇일까?

그들은 여호수아가, 이스라엘 백성들이 두려운 것이 아니었다. 이스라엘을 이끄시는 하나님께서 어떻게 역사하시는지 보아 왔기 때문에 두려웠던 것이다.

청소년 사역을 열심히 하고 계신 목사님이 언젠가 고등학생이 되는 아들과 기회가 되어 미국 아이비리그 대학을 탐방하는 기회를 갖게 되었다.

드디어 가기 전 마지막 날, 아들의 준비물을 챙겨주는데 그때서야 캐논 카메라의 베터리가 고장 난 것을 알게 되었다. 당장 내일이 출발일이라 어쩔 수 없었던 목사님은 아들을 달래며, 무거우니 그 캐논 카메라는 놓고 가라고 말했단다. 그러나 아들은 카메라를 움켜쥔 채, 방법이 있을 거라며 베터리 없는 카메라를 챙겼다.

다음 날 아침, 차량에 카메라에 직접 꽂아 충전할 수 있는 충전기가 있어서 1시간 반이면 가는 공항을 두어 시간 돌면서 일단 카메라를 충전 시켰다. 그러나 13박 14일의 긴 일정에 카메라 베터리가 금방 방전될 것은 분명한 일이었다.

그리고 미국의 공항에 내렸을 때, 기적 같은 일이 생기는 것 같았다. 바로 그 공항에 큼지막한 캐논 카메라 대리점이 눈앞에 보이는 것이었다. 목사님은 "하나님이 뭔가 해결해주시려는 구나." 생각했다. 그러나 기쁨도 잠시, 그곳에선 베터리를 판매하지 않았다.

목사님은 잔뜩 실망한 아들을 데리고 아이비리그 대학을 투어 할 미니버스에 올라탔다. 아마도 미니버스 같은 차를 타고 여러 명의 학생들이 아이비리그 대학들을 견학하려했던 것 같은데, 버스를 타고 돌아다니는 일정이 무려 11박 12일이나 계속되었다.

그런데 놀라운 일이 생겼다. 타고 다니는 미니버스에 두 개의 충전 선이 있는데 하나는 네비게이션을 충전할 선이었고, 또 다른 하나는 카메라를 충전하는 선이였던 것이다.

그후 목사님과 아들은 미국 아이비리그를 여행하는 내내 그 차안에서 마음껏 충전하며 사진을 찍을 수 있었다고 한다.

우리는 카메라의 고장 난 충전기를 구하는 것만이 해결책이라 생각한다. 하지만 하나님이 해결해주시는 길은 다양하다. 내가 생각하는 그것, 내가 판단하는 그것만이 길이 아니라는 것이다.

우리는 이 세상을 살아갈 때 환경을 보지 않아야 한다. 지금 현재 상황을 보지 않아야 하고 나의 되지 않는 일을 보지 않아야 한다.
내 환경과 상황을 바라보지 말고, 그 가운데 역사하시는 하나님을 바라보자. 내가 처한 상황만을 바라보고 있자면 한숨 밖에 나오지 않는다. 해결해야 할 문제거리밖에 보이지 않는다.
그러나 그것 또한 이끌고 운행해 가시는 하나님을 바라보면 우리는 당당해진다. 새 힘이 솟아난다. 엉켜진 실타래가 한 올 한 올 풀려나감을 경험하게 된다.
하나님을 바라보라는 것은 내 삶의 중심에서 역사하시는 그 하나님을 목도하라는 의미이다.

라합은 이스라엘 위에 역사하시는 하나님을 바라보았다. 그래서 라합은 10절에 '너희가 나올 때 여호와께서 홍해 물을 마르게 하신 일'을 들어서 알고 있었다고 했다.

강력한 애굽 군사들이 쫓아오는데 바닷물이 갈라져 수백만 이스라엘 민족들이 바닷길을 건너 광야로 나올 수 있게 한 사실과 강력한 애굽 군대들이 일시에 홍해에 수장당한 사실을 알고 있었다는 것이다. 또한 라합은 그들이 요단 저쪽에 있는 아모리 사람의 두 왕 시혼과 옥을 전멸시킨 사실도 알고 있었다.

라합은 이런 소문과 사실을 다 알고 있었던 것이다.

모세와 이스라엘 백성들은 광야에서 가나안으로 진군해나가는데 크고 작은 전쟁들을 치르게 되었다.

모세와 백성들이 그데못 근처의 광야에 도착하였을 때, 모세는 아모리 왕 시혼에게 사신을 보내어 정중히 그 영토로 평화롭게 통과하도록 허락해줄 것을 요청했다.

"우리의 목적은 당신네 땅이 아니니 우리 백성들을 무사히 통과만 시켜주십시오"(민 21:21~23).

하지만 모세의 신사적인 요청은 냉혹하게 거절당한다.

결국 모세는 야하스 근처에서 아모리 왕 시혼과 전쟁을 치르게 되었는데, 하나님께서 함께하시니 질 리가 없다. 이스라엘은 아모리 왕 시혼을 격파하게 된다(민 21:24).

가나안 족속들은 이스라엘이 헤스본을 점령하고(민 21:23) 이어 얍복 지역을 점령하며(민 21:24) 북쪽 멀리 길르앗에 이르기까지 많은 성읍들을 정복해나가는 것을 숨죽이며 듣고 지켜보고 있었다.

이후 바산 왕 옥이 이스라엘 백성을 침공하게 되었는데 모세는 에드레이 전투에서 바산 왕을 격파시킨다(민 21:34~35). 또 이스라엘이 승리한 것이다.

가나안 족속들은 처음부터 이스라엘이 자신들을 치러온다는 사실을 알고 있었다. 이미 아브라함 때부터 약속의 땅 가나안, 젖과 꿀이 흐르는 가나안이 저들의 목표임을 알고 있었기 때문이다.

이스라엘의 승리는 가나안에겐 충격적인 소식이었고, 두려움의 소식일 수밖에 없었을 것이다.

가나안 족속들은 이스라엘이 승승장구하며 전쟁에서 승리할 때마다 점점 조여드는 압박감에 시달렸다. 그래서 '너희 이스라엘 앞에서 간담이 녹았다'고 라합은 말하고 있는 것이다.

하나님이 함께 계시면 된다. 일상에서 내 곁에 늘 함께 계시는 하나님을 확인한다면 불안해 할 이유가 하나도 없다.

이스라엘 백성들은 그렇게 승승장구하며 가나안으로 진군해 들어왔고, 본문에서는 이제 가나안과 불과 18킬로밖에 되지 않는 싯딤까지 진군해왔다.

가나안 족속은 두려움 속에서 "저들이 저 요단강을 건널 수 있을까? 아니야, 절대 못 건널 거야, 아니야, 저들에겐 여호와 하나님의 신이 있어서 홍해도 갈랐는데 요단강쯤이야 우습게 건너겠지. 그래도 이 여리고 성을 함락시킬 수 있을까? 말도 안 되지. 어떻게 이 견고한 성을 함락시켜…."라며 부들부들 떨고 있었다.

라합은 이런 사실들을 듣고, 하나님이 함께하시니 이제 곧 여리고도 함락될 것이고, 가나안 전체를 점령할 것이라고 믿었다.

비록 이방인이고 천한 직업을 가진 여인이었지만, 하나님에 대한 귀한 믿음이 있었다. 그리고 그 믿음으로 인해 하나님은 라합과 그의 가족을 구원하신 것이다.

그렇다면 라합은 하나님은 어떻게 믿었을까?

먼저 라합은 하나님은 세상을 다스리시는 통치자이심을 믿었다.

"우리가 듣자 곧 마음이 녹았고 너희로 말미암아 사람이 정신을 잃었나니 너희의 하나님 여호와는 위로는 하늘에서도 아래로는 땅에서도 하나님이시니라" (2:11)

라합은 하나님께서 온 우주의 절대적 주권을 가지고 운행하시는 하나님이시라는 사실을 믿었다. 또한 여호와가 이 세상에서 유일하신 신임을 인정했다.

그런 유일하신 하나님이심을 믿었을뿐아니라 모든 전쟁의 승패가 하나님께 있음을 인정했다.

"…여호와께서 이 땅을 너희에게 주신 줄을 내가 아노라…" (2:9)

라합은 이스라엘 백성이 강해서 이기는 것이 아니라 하나님께서 이스라엘 백성과 함께 계시기 때문에 이길 수밖에 없다는 사실을 알았던 것이다.

그렇다. 전쟁같은 세상. 우리가 세상속에서 승리하려면 라합처럼 하나님을 인정해야 한다. 여호와 하나님은 만군의 하나님이시다. 전쟁은 하나님께 속한 것이다. 온 세상을 주관하시는 그 만군의 하나님을 믿고 나아가야 한다.

"전쟁은 여호와께 속한 것인즉" (사무엘상 17:47)

우리의 신앙생활은 영적 전쟁이다. 늘 얻어맞으며 살아간다. 그리고 항상 반복적으로 고백한다.

"주님, 얻어맞았어요. 천부여 의지 없어서 손들고 옵니다. 세상이 나를 항복시켜 그 앞에 굴복 당했습니다. 주님 살려주세요."

그런데 이건 당연한 일이다. 매일 손들고 오는 인생들의 모습이 정상이다. 그러나 대신 싸워주시는 하나님이 계심을 믿는다면 절망과 고통의 인생은 승리와 감격의 인생이 될 것이다. 하나님이 함께 하시면 눈앞의 실패, 절망, 두려움, 고통이라는 것은 물러간다.

그래서 우리는 찬양의 가사처럼 험하고 높은 이 길을 싸우며 나아가고 있는 것이다. 라합처럼 믿고 나가면 승리하게 하신다.

한편, 라합의 믿음은 구원의 갈망을 낳게 했다.

"그러므로 이제 청하노니 내가 너희를 선대하였은즉 너희도 내 아버지의 집을 선대하도록 여호와로 내게 맹세하고 내게 증표를 내라 그리고 나의 부모와 나의 남녀 형제와 그들에게 속한 모든 사람을 살려주어 우리 목숨을 죽음에서 건져내라" (2:12~13)

라합은 '내가 너희를 선대하였으니, 너희를 구해주었으니 나와 내 집도 구해달라'고 말하면서 그 구원의 구체적인 증표를 보여달라고 말한다.

라합이 정탐꾼에게 이같이 말할 수 있었던 것은 심는 대로 거두게 하시는 하나님을 믿었기에 비록 이방 민족의 천한 기생의 신분이었지만, 이스라엘의 하나님께서 당신의 백성을 도와주고 살려준 것으로 인해 자신을 지켜주고 보호해주실 것을 믿었다. 이처럼 하나님은 심는 대로 거두게 하시는 하나님이시다.

갈라디아서 6장 7절에 "사람이 무엇으로 심든지 그대로 거두리라"고 말씀하셨고 야고보서 3장 18절에서도 "화평케 하는 자들은 화평으로 심어 의의 열매를 거두느니라" 기록하고 있다.

라합이 정탐꾼들에게 구원의 증표를 보여 달라고 했을 때, 그들은 붉은 줄을 창문에 매라고 말한다.

"우리가 이 땅에 들어올 때에 우리를 달아 내린 창문에 이 붉은 줄을 매고 네 부모와 형제와 네 아버지의 가족을 다 네 집에 모으라 누구든지 네 집 문을 나가서 거리로 가면 그의 피가 그의 머리로 돌아갈 것이요 우리는 허물이 없으리라 그러나 누구든지 너와 함께 집에 있는 자에게 손을 대면 그의 피는 우리의 머리로 돌아오려니와 네가 우리의 이 일을 누설하면 네가 우리에게 서약하게 한 맹세에 대하여 우리에게 허물이 없으리라 하니 라합이 이르되 너희의 말대로 할 것이라 하고 그들을 보내어 가게 하고 붉은 줄을 창문에 매니라" (2:18-21)

여기서 '붉은 줄'은 '생명의 줄'을 의미하는데 궁극적으로 예수 그리스도의 구속의 피를 의미한다.

예수 그리스도를 믿는 자는 예수님께서 십자가에 흘리신 구속의 피로 구원받는 것이다.

불신자들이 우리에게 '너희가 구원받는다고? 영생을 얻는다고?

천국에 간다고? 그 증거를 보여줘봐' 라고 말한다면 우리는 무엇을 보여줄 수 있는가? 우리는 예수 그리스도를 보여줄 수 있어야 한다.

"예수의 피가 우리를 모든 죄에서 깨끗하게 하실 것이요" (요한일서 1:7)

 신앙이란 하나님의 모든 약속을 그대로 받아들이고, 그 행한 일을 그대로 이루어 주실 줄 믿으며 마음으로 확신하는 것이다.
 결국 하나님의 이끄심으로 여리고 성이 정복되어 많은 사람들이 죽임을 당했지만, 라합과 그의 가족은 살아나게 되었다.

"여호수아가 기생 라합과 그의 아버지의 가족과 그에게 속한 모든 것을 살렸으므로 그가 오늘까지 이스라엘 중에 거주하였으니 이는 여호수아가 여리고를 정탐하려고 보낸 사자들을 숨겼음이었더라" (6:25)

 라합의 목숨을 건 행동은 우리가 믿음으로 승리하고 대적해야 할 싸움의 승리의 본을 그대로 보여준 것이다. 그렇기에 라합은 비록 이방인이지만, 히브리서의 믿음 장(11장)에 믿음의 선조로 기록되었고 그뿐 아니라 예수님의 선조 중 한 사람이 되었다(마 1:5).

"믿음으로 기생 라합은 정탐꾼을 평안히 영접하였으므로 순종하지 아니한 자와 함께 멸망하지 아니하였도다" (히 11:31)

 험난한 세상을 헤쳐나가기 힘들다 생각하는가. 내게 맡겨진 과중한 책임감에 현실을 도피하고 싶은가.

당당히 맞서고 당당히 고백하라. 당신곁에는 든든하신 하나님이 서계신다. 라합을 구원하신 하나님은 곧 여러분도 구원해주실 하나님이시다.

힘들고 지쳤을때 뒤돌아보지 말고, 앞장서신 하나님을 바라보라. 그게 세상을 이길 정답이다. 하나님께서 당신 곁에 계신다.

3. 더 이상 그 자리에 머뭇거리지 말라
_ 내 앞에 요단강이 가로막혀 있을 때(수 3:1~10)

'요단 강'을 생각하면 우리의 머릿속엔 많은 것이 떠오른다. 나아만 장군이 일곱 번 목욕하고 문둥병을 고침 받았던 기적의 장소도, 세례 요한이 세례를 베풀던 장소도 요단강이었다. 또한 예수님께서도 이곳 요단강에서 세례를 받으셨다.

그런데 우리는 '며칠 후 며칠 후 요단 강 건너가 만나리'라는 찬송가(606장) 때문에, '요단 강'을 '죽음의 강 혹은 인생의 모든 수고를 마치고 천국을 향해 건너가야 할 강'으로 잘못 인식하고 있다. 사실 요단강은 그런 죽음을 연상시키는 강이 아닌데 말이다.

찬송가 606장은 1800년대 미국에서 작곡된 찬양으로 '며칠 후 며칠 후 요단 강 건너가 만나리'라는 가사는 우리나라에 번역되어 들어올 때 잘못 오역된 것이다. 원래는 'we shall meet on that beautiful shore', 곧 '머잖아 우리는 아름다운 생명강가에서 만나리'라는 뜻으로 찬양 어디에도 요단강은 보이지 않고 오히려 기적의 강, 승리의 강, 극복의 강이 나올 뿐이다.

우리는 "왜 내게 건너야 할 고난의 요단강이 이토록 많은가?"라는 생각을 할 수도 있겠지만 걱정하지 않길 바란다.

우리가 살아가는 인생에 많은 요단강이 우리를 가로막고 있지만 이스라엘 백성들이 믿음으로 요단강을 건너갔던 것처럼 우리도 삶 속의 요단강을 훌쩍 뛰어 넘어갈테니 말이다.

요단강을 건너는 사건을 잘 살펴보면 하나님의 승리의 법칙을 발견할 수 있는데 그것은 마치 수학 공식처럼 그 공식에 대입하면 하나님께서는 우리가 세운 계획을 이루어 주시고, 또한 우리 인생에 있어서 요단강과 같은 큰 어려움을 만나도 능히 승리할 수 있다.

하나님의 원칙과 법칙에 내 계획을 대입하면 반드시 풀리는 이것이 '유레카'이다.

그렇다면 하나님의 어떤 법칙에 내가 계획한 일과 현실의 문제를 대입해야 할까?

발을 떼고 가라

우리는 내 집 장만 계획, 승진 계획, 결혼 계획, 취업 계획, 진학 계획 등 많은 계획을 하며 살아간다. 그러나 이러한 계획을 충분히 세운 후 시작해보지 않고 포기하는 일들 또한 너무 많다. 그러므로 발 떼기를 두려워하는 우리에겐 과감함이 필요하다.

하나님께서는 우리에게 다른 생각을 하기 전, 일단 가라고 명하신다. 그렇기에 두려워하지 않아도 된다. 우리가 할 일은 하나님께서 말씀하신 대로 가면 되는 것이다. 가라고 말씀하시는 것은 하나님께서 책임지신다는 말이다.

대부분 우리는 머뭇거린다. 눈치를 본다. 묻어가려 한다. 그리고 무언가 배우고 어느정도 신앙의 연단을 받은 후 세상을 향해 나아가려고 한다. 현재의 세상과 맞설 용기가 없다는 것이다.
"조금 더 기도하고 갈게요. 조금 더 훈련받고 갈게요. 내년에는 꼭 나갈게요."
지금은 부족하다는 말과 다르지 않다. '부족해요, 안 돼요' 라고 하는 사람은 평생 안 될 수 밖에 없다.
지금 하나님이 말씀하신 대로 일단 나아가자. 우리가 나아간다면 모난 것, 어색한 것, 안 될 것 같은 것은 하나님께서 하나하나 교정해주시고 틀을 세워주시며 이끌어 주실 것이다.
내 인생의 요단 강가에서 머뭇거리지 말고 주저앉아 고민하지 말고 일단 가라.
요단강은 인생의 강이며 반드시 넘어야 할 시련의 강이다.
왜 하필 내 인생만 넘실대는 요단 강물로 가로막혀 있다고 생각하는가? 아니다. 모두 마찬가지이다. 어느 한 사람도 세상의 문제에 얽혀있지 않은 사람은 없다.
그러나 극복의 지혜를 하나님께 찾으면 아무리 깊고 푸른 요단강이라도 거침없이 건너갈 수 있다. 요단 강 같은 불가능한 강을 남녀노소 모두 걷게 하신 하나님이 계심을 믿길 바란다.
어떤 일을 하든지 일단 첫 발을 떼면, 그 시작부터 하나님께서 역사하신다.

묵상과 기도를 병행하라

내가 아는 목사님의 이야기이다. 이 목사님은 40여 명되는 성도들과 함께 교회를 세워가고 계셨고 개척 15년 동안 4번의 개척을 하셨는데 말 그대로 개척 15년은 파란만장한 삶 그 자체였다.

원래는 300명 넘는 큰 교회였지만 큰 시험으로 모두 떠나 40명의 성도만 남게 된 적이 있었고 그 40명이 모여 다시 교회를 개척하셨다. 이제 부흥의 불이 붙기 시작했다 말씀 하시더라.

주일예배는 1주일에 딱 한번 드린다. 새벽예배는 없으며, 주중예배도 예배가 아닌 성경공부와 기도회로 모인다고 한다.

또한 성경공부시간 때는 꼭 가지만, 기도회는 목사님도 가기 싫을 땐 가지 않는다고 하셨다. 시간만 정해놓은 후 알아서 기도하고 가는 것이다.

나는 "목사님, 시간을 정해놓고 기도만 하고 가라고 하면 아무도 안 올 것 같은데 몇 명이나 옵니까?" 하고 물었다. 그러나 목사님의 대답은 의외였다.

"한 30여명이 오십니다."

놀라지 않을 수 없었다. 30여명의 성도들이 자발적인 참여로 기도에 힘을 보태고 있다는 것이다. 그 30여명의 성도들은 목사님과 10년을 넘게 동고동락하며 몸 바쳐 충성한 핵심 맴버들이자, 기도의 용사들이라는 것을 나중에 알게 되었다. 이러니 교회가 안 될 수 없겠다라는 생각이 들었다.

이스라엘 백성들은 싯딤을 떠나 요단 강가에 머무르게 된다. 싯딤에서 요단강까지는 대략 16킬로 정도 였는데 하나님께서는 이 요단강가 근처에서 3일간 머무르게 하셨다.

16킬로 되는 거리는 반나절만 걸어가면 도착할 수 있는 거리였고 또 그 거리를 걸어서 이동했다.

그렇다면 요단 강 기슭에서 잠시 쉬게 하신 후 '자, 이제 진격이다. 여리고 성 점령을 위해 요단강을 건너라' 고 하셔도 될 텐데, 하나님은 왜 3일씩이나 요단 강 기슭에 머물게 하셨을까?

"또 여호수아가 아침에 일찍이 일어나서 그와 모든 이스라엘 자손들과 더불어 싯딤에서 떠나 요단에 이르러 건너가기 전에 거기서 유숙하니라" (3:1)

2절을 보면 요단에서 유숙한 후, '사흘 후에 관리들이 진중에 두루 다녔다' 고 기록하고 있다. 이는 하나님께서 그들에게 준비의 시간, 생각의 시간, 묵상의 시간, 기도의 시간을 주신 것이다.

우리 인생의 앞, 가로막혀 있는 요단강 앞에 앉아 있는 장면을 생각해 보자. 해결되지 않고 풀리지 않는 일이 생길 때, 우리는 머리를 쥐어짜고 해결하려 한다.

그 정도 고민하고 해결하려고 애를 쓰는데도 뾰족한 방법이 떠오르지 않는다면 그것은 이미 내가 영향력을 행사해서 문제를 해결할 범위를 넘었다는 의미이다. 바로 그때, 머뭇거리지 말고 지혜를 구해야 한다.

요단 강가에 앉아 한숨만 쉬지 말고, 하나님께 물어보시길 바란다. 하나님의 생각이 비집고 들어갈 숨 쉴 공간을 열어두라. 언제까지 내 생각으로만 가득 채워 두려고 하는가? 생각의 작은 틈조차 열어놓지 않으면 아무리 머리를 쥐어짜봐야 풀리지 않는다.

3. 더 이상 그 자리에 머뭇거리지 말라

정신적 스트레스만 가중되어 힘들어진다는 말이다. 우리는 하나님의 지혜를 구해야 한다.

요단 강가 앞에서의 3일은 얼마나 소중한 시간인지 모른다. 전쟁으로 인해 극도로 긴장된 마음을 중화시키는 시간이다.

쉼은 진행하지 않는 것이 아니라, 도약을 위한 발돋움의 시간이다. 발돋움을 하는 것은 겉보기에 뒤쳐지는 것 같지만, 사실은 그 발돋움으로 인해 더 멀리 뛰어 오를 수 있다.

또한 쉼은 성찰의 시간을 준다. 너무 많은 것을 놓치고 살아가는 우리에게는 나에 대해, 인생에 대해 사색할 시간이 필요하다.

생활이 진행이라고 한다면, 사색은 그 스케줄을 맛보는 맛있는 시간이다.

그러나 하나님께서 가라고 하셨다고 해서 바쁘고 분주하게 뛰라고만 말씀하신 것은 아니다. 하나님과 충분한 영적 교감을 갖고, 영적인 위안과 쉼을 얻으라고 말씀하신다.

그러므로 숨 쉴 공간을 늘 열어두면 된다. 충분한 영적 충전이 없으면 우리는 실패한다.

있어야 할 곳에 있고 넘지 말아야 할 범위

사람은 누구에게나 자기 자리가 있고 자기 역할이 있다. 우리가 어떤 일을 시작했다면 대부분 여러 가지 일적인 상황, 사역적인 상황과 질서에 순응하게 된다.

다시 말해 내가 있어야 할 곳이 어디이며, 넘지 말아야 할 범위가 어디인지 알고 살아간다는 것이다.

직원이면서 사장처럼 행동할 수 없고, 사장인데 직원처럼 행동해선 안 된다. 이것이 바로 있어야 할 자리이다.

하나님께서도 있어야 할 자리, 넘지 말아야 할 선을 법칙으로 만드신 분이다. 왜냐하면 하나님은 혼란과 혼돈의 하나님이 아니라, 질서의 하나님이시기 때문이다. 사흘이 흘렀다. 이젠 요단강을 건너가야 한다.

여호수아는 백성들에게 명령한다.

"백성에게 명령하여 이르되 너희는 레위 사람 제사장들이 너희 하나님 여호와의 언약궤 메는 것을 보거든 너희가 있는 곳을 떠나 그 뒤를 따르라 그러나 너희와 그 사이 거리가 이천 규빗쯤 되게 하고 그것에 가까이하지는 말라 그리하면 너희가 행할 길을 알리니 너희가 이전에 이 길을 지나보지 못하였음이니라 하니라" (3:3~4)

여호수아는 레위 제사장들이 언약궤 메는 것을 보거든 그 뒤를 따르라고 명령했다.

언약궤가 무엇인가. 하나님의 보좌를 상징한다. 언약궤 안에는 모세가 하나님으로부터 받은 십계명이 있다. 하나님의 율법, 하나님의 말씀이 그 안에 담겨져 있음을 보여주는 것이다.

또한 하나님께서는 언약궤를 멘 제사장들과 일정한 거리를 두고 가라고 말씀하신다. 제사장들과 약 이천 규빗쯤 거리를 두고 가라는 것이다. 이천 규빗은 약 900미터 정도 되는 거리이다. 이것이 있어야 할 자리이고, 넘지 말아야 할 선이다.

하나님께서 70억 인구를 적절하게 다스리시는 통치 원칙이라고 볼 수 있는 것이 바로 있어야 할 자리와 넘지 말아야 할 선이다.

여기서 언약궤는 하나님의 말씀이며, 그것을 멘 제사장은 현재의 목사나 중직자, 리더로 볼 수 있다. 말씀의 언약궤를 따라가는 것은 우리의 영적인 길을 보여주고 있는 것으로 하나님의 말씀을 따라 나아가야 한다는 것을 보여준다.

참 희한한 전쟁이다. 전쟁을 치르는 상황이 너무 이상하다. 전쟁에 칼과 방패와 창으로 무장한 것이 아니라, 칼과 창으로 싸울 수 없는 제사장들이 그것도 무거운 언약궤를 메고 나간다. 누가 전쟁할 때 이런 행동을 할까? 말 그대로 기이한 행동이다.

이는 가나안 정복이 군사력의 문제가 아니라 신앙의 문제, 믿음의 문제라는 것을 보여주고 있는 대목이다.

가나안 전쟁이 전략과 전술의 문제가 아니라 하나님의 말씀을 의지하고 순종해야만 해결되는 전쟁이라는 것이다.

우리가 세상을 살아갈 때 요단 강 같은 큰 장막이 나를 가로막고 가나안 전쟁 같은 치열한 영적·육적 전쟁이 엄습해 와도 그 해결책은 어떠한 방법이나 나의 노력에 있는 것이 아니라 하나님께 대한 신앙, 믿음, 순종에 있음을 기억하길 바란다.

한결같은 성결함을 유지하라

"여호수아가 또 백성에게 이르되 너희는 자신을 성결하게 하라 여호와께서 내일 너희 가운데에 기이한 일들을 행하시리라" (3:5)

여기서 '성결하게 하라'는 말은 히브리어로 '카다쉬'라는 단어인데, 의식적·도덕적으로 '거룩하게 하다, 깨끗하게 하다'라는 뜻이다. 다시 말해 하나님께 지켜야 할 예의나 태도, 준비 상태 등을 말하는 것이다.

만일 당신이 청와대로 초청받았다면 트레이닝복을 입거나 반바지에 슬리퍼 차림으로 대통령을 만나지는 않을 것이다. 단정하고 격식에 맞는 차림을 하고 간다. 이것이 '격'이다.

하나님께 대한 바른 태도가 바로 성결함이다. 그 성결함을 유지할 때 하나님께서는 기이한 일, 기적적인 일을 일으키신다고 말씀하신다. 내 속의 성결함이 요단강을 건너게 한다.

여기서 '기이한 일'은 히브리어로 '파라'라는 단어인데, 이는 '기적을 실행하다, ~을 이루다, ~을 달성하다'라는 뜻으로 하나님은 항상 어떤 기적을 베푸실 때, 큰일을 행하실 때 우리에게 특별히 성결을 더 요구하신다.

출애굽기에 보면 하나님께서는 모세에게 시내 산에 강림하실 것을 말씀하셨다. 그런데 하나님께서 친히 산에 강림하실 때, 모세와 이스라엘 백성들에게 먼저 요구한 것이 있다. 바로 성결함이다.

"여호와께서 모세에게 이르시되 너는 백성에게로 가서 오늘과 내일 그들을 성결하게 하며 그들에게 옷을 빨게 하고 준비하게 하여 셋째 날을 기다리게 하라 이는 셋째 날에 나 여호와가 온 백성의 목전에서 시내 산에 강림할 것임이니"(출애굽기 19:10~11)

성결하게 하고, 옷을 빨고, 준비하라고 말씀하신다. 하나님은 여호수아의 입을 통해 백성들에게 '성결하게 하라'고 명령하셨다. 내일 하나님께서 기이한 기적을 이루실 것인데, 먼저 전제되는 것이 바로 성결이라는 것이다.

하나님의 놀라운 역사는 나의 성결함에서 비롯된다. 그러기에 내가 정말 현실적 문제 해결을 바란다면 지금보다 더 성결해지기 위해 몸부림쳐야 하는 것이 하나님의 놀라운 법칙이다. 더 신앙적으로 가다듬고, 더 예배에 집중하며, 더 열심히 기도해서 영적으로 충만한 상태가 되어 있어야 한다.

우리는 아침저녁으로 세면하고 샤워를 한다. 그런데 일주일 정도 씻지 않는다면 어떻게 될까? 냄새가 나서 쳐다보기도 힘들 것이다.

이와 마찬가지로 우리는 완벽한 세상에 살고 있는 것이 아니라 늘 우는 사자와 같이 덤벼드는 악한 마귀 사단이 역사하는 이 공간 속에 살아가고 있기에 세상의 삶의 때가 덕지덕지 끼게 마련이다.

세상적인 때, 죄의 때를 벗겨내지 않으면 당당하게 하나님께 나아갈 수 없다. 또한 여러 가지 현실의 문제들도 해결 받을 수 없다.

문제 해결의 가장 큰 원칙은 하나님 앞에 성결함이다. 이것을 바꾸어 말하면 문제 해결을 받지 못하는 가장 큰 이유는 내 속에 아직 해결되지 않은 죄 때문이라는 사실이다.

중풍병자 친구들이 중풍병자를 눕혀놓은 채 예수님께로 나아가려 했다. 친구를 고치기 위함이었다. 사람이 너무 많아 어찌할 수 없었던 저들은 남의 집 지붕에 구멍을 내고 그 침상에 끈을 매달아 예수님께로 내려 보낸다.

그 모습을 예수님과 주변 사람들이 지켜보았다. 예수님께서 그 중풍병자를 고쳐주시기 전에 뭐라고 말씀하셨는가?

"네 죄 사함을 받았느니라"

예수님은 병 고침에 집중하신 것이 아니라, 먼저 죄 문제에 집중하셨다는 것이다. 이 중풍병자가 어떤 죄를 저질렀는지는 잘 모르지만 예수님께서는 그 죄에 대해 회개하고 돌이켰음을 확인하고 네 안의 모든 죄가 떠나갔음을 선언하셨다.

그리고 죄 사함의 선언이 이어진 후 예수님은 "내가 네게 이르노니, 일어나 네 상을 가지고 집으로 가라"라고 명령하신다.

모든 것의 해결은 죄 사함 그 이후임을 기억하길 바란다. 다른 어떤 것보다도 하나님 앞에서의 성결이 우리가 갖추어야 할 가장 중요한 신앙의 요소라는 것이다.

그 말이 떨어지자마자 중풍으로 고생하던 환자는 그 자리에서 일어나 걸어 나갔고 하나님께 영광을 돌렸다.

우리 삶 속에서 부딪히는 크고 작은 문제 즉 질병의 문제, 생활의 문제, 자녀의 문제, 승진이나 취직의 문제, 영적인 모든 방황의 문제, 세상의 그 어떠한 문제이든지 그것을 해결 받기 위해선 하나님 앞에 떳떳하며 성결해야 한다.

죄를 회개하지 않는 것은 내 안에 동맥경화가 되어 피가 제대로 순환하지 못하는 것과 똑같다. 그렇다면 죄 사함은 어디서 받을 수 있을까?

"그가 우리를 흑암의 권세에서 건져내사 그의 사랑의 아들의 나라로 옮기셨으니 그 아들 안에서 우리가 속량 곧 죄 사함을 얻었도다"(골로새서 1:13~14)

하나님의 말씀을 들으라

여호수아는 또 이스라엘 자손들에게 '너희의 하나님 여호와의 말씀을 들으라'고 명령했다.

'여호와의 말씀을 들으라'(예호바 다바르 에트 쉐마). 여기서 '말씀'은 구체적으로 '하나님의 언어, 심판, 약속' 등을 의미하며, '들으라'는 '쉐마'를 말한다.

다시 말해 '하나님의 약속의 말씀을 들으라, 언약의 말씀을 들으라, 심판의 말씀을 들으라'라는 의미이다.

"또 말하되 살아 계신 하나님이 너희 가운데에 계시사 가나안 족속과 헷 족속과 히위 족속과 브리스 족속과 기르가스 족속과 아모리 족속과 여부스 족속을 너희 앞에서 반드시 쫓아내실 줄을 이것으로서 너희가 알리라"(3:10)

'너희 앞에서 반드시 쫓아내실 줄을 이것으로서 너희가 알리라' 여호수아는 두려움에 가득 찬 이스라엘 백성들에게 하나님께서 모든 가나안 족속을 쫓아내주실 것이니 안심하라고 말한다.

이러한 기적의 조건이 합당하게 갖추어졌을 때 비로소 하나님의 기적이 일어났다.

몇 년 전 나는 에디오피아에서 커피를 수입하여 유통하고 있는 형제를 전도하기 위해 만난 적이 있다. 그는 내게 커피를 직접 갈아 만들어 주며 그 맛이 어떤지 물었다.

"그냥 쌉싸름하네요." 나의 대답에 그가 웃으며 하는 말이, 아직 커피 맛을 잘 몰라서 그러는 거란다.

이 커피는 최고급 커피라 우리나라에서는 돈을 주고도 좀처럼 사 먹을 수 없는 커피라고 했다. 이런 얘기에 덧붙여 진정으로 커피의 맛을 아는 사람들은 맥심커피, 초이스커피같은 인스턴트 커피는 입에도 대지 않는다며, 그건 설탕덩어리에 불과하다고 했다.

미식가들도 이와 다르지 않다. 그들은 회를 먹더라도 초고추장에 찍어먹지 않는다. 어떤 사람들은 간장에도 찍어먹지않고 그냥 회만 먹는다고도 한다. 이유는 고기 맛을 느끼기 위해서라는 거다.

초고추장과 양념장에 가려져 진정한 고기의 참맛을 느낄 수 없다는 말이다.

정말 값비싼 커피라 해도 그 가치와 맛을 모르면 쌉사름한 맛에 불과하듯 말씀도 마찬가지이다. 하나님의 말씀을 알지 못한다면 우리 또한 그 진정한 가치를 알지 못한 채 그저 우리 삶에 쓰디 쓴 잔소리로 생각하며 살아갈 수밖에 없다.

이제 그 넘실대는 요단강을 건넌다. 하나님은 먼저 제사장에게 언약궤를 메고, 백성들 앞서 요단강을 건너라 명령하셨다. 이스라엘 12지파 중 각 지파에 한 사람씩 열둘을 택하라 명하시고, 언약궤를 멘 제사장들이 발바닥을 요단 강 물을 밟고 멈추면 흘러내리는 물이 끊어져 쌓여 서리라고 말씀하셨다.

　백성들의 입장에서 생각을 해보자. 지금 하나님께서 기적을 행하시겠다는 말씀을 백성들은 얼마나 신빙성 있게 받아들였을까?

　이들에게는 그리 먼 옛날이야기는 아니지만 예전부터 구전같이 들어온 이야기가 있다.

　"하나님께서 홍해를 갈라지게 하셨다. 그래서 많은 백성들이 홍해를 건너왔다"

　이런 이야기는 지금 이 자리에 있는 이스라엘 백성들이 직접 체험한 사건이 아니라 전해들은 이야기이다. 여호수아와 갈렙을 빼고는 모두 광야 2세대인 것이다.

　이제 여호수아와 갈렙 말고는 하나님께서 홍해를 가르신 기적을 체험한 사람이 없다. 부모로부터 들어온 이야기뿐이다. 그때 홍해를 가르신 것처럼 이 요단강도 가르실까? 기적을 정말 행하실까? 여호수아의 말을 믿어도 될까? 많은 생각을 했을 것이다.

　지금은 요단강에 가보면, 개울과 같이 작은 강이라고 이야기 하지만 당시 요단강은 큰물이 넘실대는 그런 강이었다.

　또한 그때는 곡식 거두는 시기로, 15절에도 "요단이 곡식 거두는 시기에는 항상 언덕에 넘치더라"고 했다. 그런데 기이한 일이 벌어졌다.

"…궤를 멘 자들이 요단에 이르며 궤를 멘 제사장들의 발이 물가에 잠기자 곧 위에서부터 흘러내리던 물이 그쳐서 사르단에 가까운 매우 멀리 있는 아담 성읍 변두리에 일어나 한 곳에 쌓이고 아라바의 바다 염해로 향하여 흘러가는 물은 온전히 끊어지매 백성이 여리고 앞으로 바로 건널새 여호와의 언약궤를 멘 제사장들은 요단 가운데 마른 땅에 굳게 섰고 그 모든 백성이 요단을 건너기를 마칠 때까지 모든 이스라엘은 그 마른 땅으로 건너갔더라"
(3:15b~17)

궤를 멘 제사장의 발이 물에 닿자마자 물이 끊어져 그치고, 솟구쳐 역류했다. 역류한 물은 사르단 근처에 있는 아담 성읍까지 물기둥을 이루었고 사해로 가는 물이 완전히 끊겼다.

갈라진 물도 질척한 땅이 아니라, 마른 땅이 되어 무사히 그 강을 건너갔다. 홍해 못지않은 아니, 어쩌면 홍해보다 더 엄청난 장관이었을 것이다. 정말 엄청난 기적의 사건이었다.

우리 앞에 요단강이 가로막혔다고 생각할 때, 머뭇거리지 말고 말씀을 의지하여 일단 발을 떼자. 그리고 충분한 묵상과 기도를 병행하며 나아가길 바란다.

내가 있어야 할 곳에 있고, 넘지 말아야 할 범위를 넘지 말며 하나님께 대한 성결함을 유지하자.

또한 나아갈 때는 항상 하나님의 말씀에 귀를 기울이고 나아가야 한다. 이것이 내 앞을 가로막고 있는 요단강을 건너는 방법이자, 하나님의 법칙이다.

악한 마귀 사탄이 우리 현실 속 여기저기에 건널 수 없는 수많은 요단강으로 가로막는다 해도, 묵묵히 말씀을 따라 가길 바란다.

우리는 넉넉히 건너갈 수 있다. 그리고 해결 받을 수 있다. 어려운 일들이 나와 내 환경들을 수만 겹으로 에워싸 공격한다 할지라도, 우리는 하나님만 의지하면 승리할 수 있다.

2장 말씀품고 출발하기 *(Start)*

"믿음으로 사는 것은 말씀 안에서 말씀대로 사는 것이다.
어떤 환경과 어떤 상황을 만나도 말씀이 내 삶이 되게 하라."

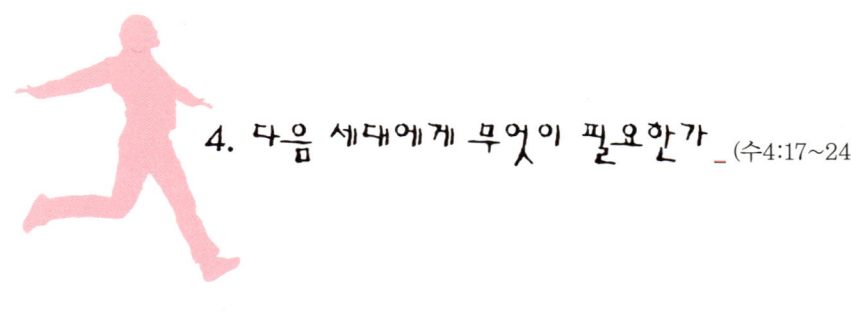

4. 다음 세대에게 무엇이 필요한가 _ (수4:17~24)

예전에 고 노무현 전 대통령이 NLL 포기 발언을 했는가에 관한 정치공방으로 시끄러웠던 적이 있었다. 당시 자료 열람이 국회법에서 통과되기까지 했는데, 결국 그 자료가 없는 것으로 밝혀져서 파문이 일었고 이것은 지난 정권이 역사를 왜곡시키기 위해 벌인 정치 계략이라고 하며 또 한바탕 진흙 싸움이 일어났다.

대통령의 공식적인 행사는 곧 우리나라의 역사이다. 다음 후손들에게 바른 역사를 알리고 다음 세대를 제대로 교육하기 위해서는 올바른 역사 교육이 필요하고, 그것을 교육할 올바른 역사 자료가 있어야 한다. 그래서 올바른 역사가 중요하다.

올바른 역사관을 왜곡시키고 있는 대표적인 사례는 바로 일본의 역사 왜곡일 것이다.

독도를 자기네 땅이라고 우기고, 전후 배상 문제나 위안부 문제를 사과하기는커녕 당연시 여기며 축소·왜곡하려 한다.

'위안부는 그들 스스로 택해서 한 것이다' 라는 발언이 있는가 하면, 오히려 '다른 전쟁에도 위안부가 있었는데 왜 우리만 가지고 그러냐' 며 뻔뻔스러운 태도를 보이고 있다.

현재 자라나는 일본 젊은 세대들은 한일 합방에 대해 가난에 찌든 한국을, 힘없는 한국을 자신들의 나라가 도와준 것이라고 역사 교육을 받고 있다고 한다.

어느 시대이든지 교육은 생명이다. 그러나 요즘 교회 지도자들이 입을 모아 우려의 목소리를 높이는 것이 바로 교육의 부재이다.

특별히 그 약한 틈을 탄 이단에 대한 문제는 심각하다.

예전엔 교회 밖에서 사람들을 잘못된 교리로 꾀어냈다면, 지금은 신실한 성도로 가장해서 교회로 몰래 침투해 들어온다는 사실이다.

왜 많은 사람들이 신천지나 안상홍에 넘어갈까? 왜 이슬람과 천주교로 이탈할까? 이는 교육의 부재이며 참다운 하나님의 교육을 받지 못했기 때문에 그렇다.

교육은 힘이다. 겨우 몇 백만밖에 안 되고, 땅덩어리가 강원도만 한 이스라엘이 어떻게 세계 모든 것을 장악하고 있을까? 그것은 그들의 교육이 살아있기 때문이다.

이스라엘의 쉐마 교육은 이제 전 세계의 교육이 되고 있다. 나라에 내우외환이 끊이질 않고, 무려 2천 년이나 나라가 멸망해, 국가 없는 민족으로 디아스포라가 되어 흩어졌던 이스라엘 민족이 무슨 힘으로 독립했는가. 교육 때문에 가능했다.

지금 우리에게 주시는 본문의 메시지가 그래서 중요하다. 이 말씀은 이스라엘 다음 세대를 향한 하나님의 교육 의지를 확인할 수 있는 장면이다.

하나님은 철저한 인간 교육자이시다. 그렇다면 하나님은 다음 세대를 향해 어떤 교육을 요구하셨는가?

교육을 위한 표징

여성이 임신을 하면 '임신했을 때가 좋은 때다, 10개월이 지나 '응애' 하고 나오면 그때부터 좋은 시절 다 갔다' 라고 말한다.

이와 마찬가지로 이스라엘 백성들이 강을 건널 때까지는 좋았다. 그러나 강을 건너고 나니 평안한 안식이 아닌 전쟁이 기다리고 있었다.

이제 싸움이 시작이 되는 것이다. 그때 하나님은 여호수아를 통해 각 지파별로 12명을 택해 요단 강 한가운데 큰 돌을 하나씩 메고 오라고 명령을 하신다.

"그들에게 이르되 요단 가운데로 들어가 너희 하나님 여호와의 궤 앞으로 가서 이스라엘 자손들의 지파 수대로 각기 돌 한 개씩 가져다가 어깨에 메라" (4:5)

하나님께선 왜 지파별로 돌을 가져다 어깨에 메라고 하실까? 그러지 않아도 힘든데 말이다.

그러나 이는 요단강을 무사히 건넜다는 표징을 세우기 위함이었다. 다시 말해 요단강을 하나님의 권능으로 무사히 건넜다는 것을 후손에게 영원한 기념으로 남기라는 것이었다.

"이것이 너희 중에 표징이 되리라 후일에 너희의 자손들이 물어 이르되 이 돌들은 무슨 뜻이냐 하거든 그들에게 이르기를 요단 물이 여호와의 언약궤 앞에서 끊어졌나니 곧 언약궤가 요단을 건널 때에 요단 물이 끊어졌으므로 이 돌들이 이스라엘 자손에게 영원히 기념이 되리라 하라 하니라"(4:6~7)

지금 이들이 메고 온 돌은 요단 강 한가운데 있는 큼지막한 돌이다. 그 기적의 역사가 일어난 요단 강 한가운데 있던 돌이다. 하나님께서는 바로 그 돌을 메고 오라 말씀하신 것이다.

이들은 지금 요단강을 기적적으로 건너온 체험을 한 사람들이라 하나님의 큰 이적과 권능으로 이끄셨다는 것을 믿지만, 후손들은 믿기 어려울 것이고 잘 알지 못한다. 그래서 이 돌은 실물교육의 증거가 되는 것이다.

옛날엔 학생이 잘못하면 선생님이 회초리를 건네주며, "이건 제대로 교육시키지 못한 내 잘못이다, 이 회초리로 나를 쳐라"라고 말하고, 아이들은 "선생님, 잘못했어요" 하며 서로 끌어안고 이를 통해 일체감을 가졌다.

그런데 10~20년 전엔 선생님이 회초리로 나를 때리라 했을때 학생들은 우는 척을 하며 "제가 어떻게 선생님을 때립니까?" 하고 선생님을 때린다.

요즘엔 어떨까? 바로 "선생님, 무르기 없습니다"하며 사정없이 힘주어 때린다.

우스갯소리이지만 사실, 이것이 바로 실물교육이다. 네가 맞을 행동을 했다는 것을 몸소 보이는 것이다.

예수님께서 제자들의 발을 씻긴 것도 섬김의 도를 보여주신 것이다. 여기서 무거운 12개의 돌이 바로 기적의 상징이요, 하나님의 역사하심의 증거이다. 보여주는 것만큼 강한 것은 없다.

종교개혁의 시작은 루터에서 시작되었다.

당시 하나님 뜻대로 살지 못하고 있는 시대의 신앙을 비판하며, 말씀으로 돌아가자는 뜻 아래 '솔라 데오(sola deo)', '솔라 피데(sola fide)', '솔라 스크립트(sola script)', 즉 오직 하나님, 오직 말씀, 오직 하나님의 은혜를 기치로 종교개혁이 시작되었다. 그리고 그 후 루터는 종교개혁의 상징과 같이 되었다.

그런데 이상하게도 종교개혁의 모든 신학적인 사상은 칼빈에게서 찾는다. 왜 그럴까?

루터에겐 역사적인 사실 이외엔 아무것도 없지만, 칼빈에게는 '기독교강요'라는 세계적인 명저서가 있었기 때문이며 기독교강요는 지금도 신학교에서 배우고 가르치고 있는 과목이다.

경험보다 좋은 스승은 없지만, 경험하지 못한 세대들에게 필요한 것은 교육이며, 제대로 된 교육에는 바로 이런 표징, 증거물들이 있어야 한다.

마찬가지로 하나님이 좋은 분이라는 것은 말로만 나타내는 것이 아니라 그 교재가 있어야 한다. 그리고 보여주어야 한다. 12개의 돌은 그런 하나님의 살아 역사하심을 보여주는 증거물이자, 표징이라 할 수 있다.

전주에 가면 서문교회라는 곳이 있다. 이곳은 호남지역에 최초로 세워진 교회로 1893년에 선교사들이 와서 처음 세운 교회인데, 교회를 하나의 박물관처럼 꾸며 당시의 시대 자료들을 잘 보관하고 있다. 또한 교회 마당 한켠에 지금은 쓰지 않는 커다란 교회 종이 걸려 있는데 나무로 된 긴 종탑에 시골 가마솥의 몇 배나 큰 종이다.

이 종은 미국의 선교사들이 그곳에 서문교회를 세우고 복음을 전하다 안식년을 얻어 고국으로 돌아가게 되었을 때, 안식년을 마치고 다시 한국으로 돌아오는 길에 미국에서 가지고 온 것이다.

사람들은 그 종을 바라보며 말할 수 없는 감동을 받았다. '저 종이 바로 한국 선교 역사의 표징이구나, 살아 있는 증거이구나' 하는 생각을 하면서 말이다.

그렇게 종만 봐도 경외심이 생기는데 교회 안쪽 박물관에는 그 당시, 그러니까 100년도 훨씬 넘은 그 당시의 사진이 전시되어 있다. 사진에는 큰 종을 소달구지에 칭칭 매어 오는 장면들, 수많은 사람들이 큰 구경난 것처럼 신기하게 그 종을 쳐다보며 웃는 장면, 그리고 그 종을 가져왔던 여자 선교사님의 뿌듯한 표정이 그대로 담겨 있다.

사람들은 이것을 볼 때마다 더욱더 교회를 사랑하고, 복음 전파의 중요성을 깨닫게 될 것이라고 생각한다.

이것이 바로 표징이다. 이처럼 우리도 다음 세대를 교육할 표징, 증거 자료들을 계속 남겨야 한다.

제사장들을 강을 건널 때, 제일 먼저 언약궤를 메고 강으로 들어갔다. 언약궤를 멘 제사장이 가장 먼저 강에 진입했기에 당연히 제사장들이 가장 먼저 강을 나와야 하는 게 정상이지만 제사장들은 백성들이 모두 건너간 후 제일 나중에 강에서 나왔다.

제사장들은 그 무거운 언약궤를 메고 백성들이 요단 강을 모두 건너기까지 언약궤를 그대로 메고 있었다.

"또 여호와께서 여호수아에게 명령하사 백성에게 말하게 하신 일 곧 모세가 여호수아에게 명령한 일이 다 마치기까지 궤를 멘 제사장들이 요단 가운데에 서 있고 백성은 속히 건넜으며 모든 백성이 건너기를 마친 후에 여호와의 궤와 제사장들이 백성의 목전에서 건넜으며" (4:10~11)

무려 200만 명이나 되는 이스라엘 민족이 모두 그 강을 건넜다. 어른, 아이, 노인 그리고 짐승들도 모두 건넜을 것이다.

그 많은 사람들이 요단강을 건너는 데는 상당한 시간이 걸렸을 테지만 그 시간 동안 제사장들은 이스라엘 백성들이 다 건너갈 때까지 꿈쩍하지 않고 언약궤를 메고 있었다.

학자들에 의하면 언약궤의 무게는 대략 90kg 정도라고 한다. 보통 성인 한 사람의 몸무게보다 좀 더 무거운 정도이다. 이 정도 무게의 언약궤를 4명이 한 번 들어 나르면 그리 무겁지 않겠지만, 긴 시간이라면 이 무게가 보통이 아닐 것이다.

백성들이 모두 건너간 후, 마지막으로 제사장이 강 위로 올라오자 물은 전과 같이 흐르게 되었다.

"여호와의 언약궤를 멘 제사장들이 요단 가운데에서 나오며 그 발바닥으로 육지를 밟는 동시에 요단 물이 본 곳으로 도로 흘러서 전과 같이 언덕에 넘

쳤더라" (4:18)

이것은 제사장 즉, 지금 목회자나 교회 중직자들, 교사나 리더들이 마지막까지 헌신하며 충성, 봉사해야 하는 직분이라는 사실을 보여준다. 그러나 하나님을 위해 헌신하는 것은 영광으로 여겨야 한다.

쓰임 받을 수 있음을 감사하자. 하나님께서 큰 상급을 준비하고 계신다.

하나님 말씀에 대한 두려움

영국에서 핍박을 받았던 청교도들은 아메리카로 배를 타고 갔지만, 프랑스에서 핍박을 받던 그리스도인들은 알프스 산 깊은 곳으로 들어갔다.

그 이후 그 땅은 스위스라고 하는 조그만 나라가 되었으며 그들이 모여 기도하고 모여 살던 땅이 장로교의 본산지인 스위스 제네바이다. 그들은 그곳에서 하나님을 경외하며 예배했다.

그렇다면 지금도 인구가 600만 정도 밖에 되지 않는 작은 나라이지만 하나님을 경외하며 섬겼던 스위스라는 나라에 하나님은 무엇을 주셨는가?

하나님께서는 그들에게 시계를 잘 만드는 지혜를 주심으로 스위스라는 나라를 세계 가운데 높여주셨다.

최근 애플의 스마트 시계가 선풍적인 인기를 구가하고 있다. 앞으로 스마트 워치가 시대의 혁신제품으로 자리매김하겠지만 그래도 여전히 전통적인 최고의 시계 브랜드는 스위스 시계이다.

전 세계에서 시계를 만들지 않는 나라는 없겠지만, 스위스 시계는 명품으로써 최고로 인정하고 있다.

스위스 시계가 얼마나 비싼지, 시계 하나의 값에 억(億) 단위를 넘는 것이 수두룩하고 몇 천 만원짜리도 꽉 차 있다.

중국에도 지금 잘 사는 부유층이 5000만이 넘는다고 하는데 모두 스위스 시계 갖는 것이 소원이란다. 미국의 상류층도 스위스 시계를 원하고 일본의 부유층도 시계는 스위스 것을 가지려고 한다.

전 세계가 스위스의 시계를 찾는다. 시계 하나만을 팔아도 세계에서 제일 잘 살고, 제일 신용을 얻고, 제일 부유하고, 제일 좋은 나라 만드는 것이다.

물질을 바라봄으로 하나님을 경외하는 것은 잘못된 것이지만 하나님을 진정으로 마음 다해 경외할 때, 하나님께서 당신에게 무엇을 붙여 주실 줄 모른다.

하나님의 말씀에는 도덕적 윤리가 포함되어 있지만, 바르게 잘 사는 방향만을 제시하고 있지는 않다. 하나님의 말씀은 선포의 메시지 또한 담겨 있다.

성경에는 '말씀'을 뜻하는 여러 단어가 있는데 크게 '로고스'와 '레마'로 나뉜다. '로고스'는 말씀, 기록된 말씀이라는 뜻으로 "태초에 말씀이 계시니라"에서의 말씀이 '로고스'이다.

'레마'도 똑같은 말씀이라는 뜻이지만 그 말씀이 우리 삶 속에서 나타나는 것, 실현되는 것을 말한다. 그렇기 때문에 하나님의 음성을 듣는 것이 레마이다.

그러나 하나님의 말씀은 그 자체로 살아 운동력이 있는 말씀이며 반드시 레마와 로고스로 분리되는 건 아니다.

한편, 말씀 그 자체는 '케리그마적' 말씀으로, 이것은 말씀이 선포적이라는 것이며 '케리그마' 라는 단어는 신약에서만 61회가 쓰여 있다고 한다. 이는 선포의 말씀을 말하는 것으로써 대중 앞에서 외쳐 선포하는 것이다.

이것은 하나님 말씀의 절대성을 말하고 있는 것이다. 감히 그 선포의 메시지에 토를 달 수 없는 절대적 하나님의 메시지여야 한다는 것이다. 하나님의 말씀은 고요한 내 마음속에 파고들어 울림이 되어야 한다.

"하나님의 말씀은 살아 있고 활력이 있어 좌우에 날선 어떤 검보다도 예리하여 혼과 영과 및 관절과 골수를 찔러 쪼개기까지 하며 또 마음의 생각과 뜻을 판단하나니" (히브리서 4:12)

하나님의 말씀은 그저 교훈적인 말씀일 뿐만 아니라, 내 심령과 골수를 쪼개고, 마음의 생각과 판단과 뜻도 바꿔버리는 능력이 있다. 그래서 말씀은 회복이며 치유이다.

그런데 우리는 그 말씀을 너무나 경외감 없이, 두려움 없이 받아들인다. 그래서는 안 되는 일이며 그 능력의 말씀이 우리 위에 머물러 있어야 한다.

오늘 이스라엘 백성들이 모세를 두려워했던 것처럼 여호수아도 두려워하기 시작했다고 했는데 왜 두려워했는가. 그 선포의 말씀이, 그 능력의 말씀이 여호수아 그 위에 머물러 있었기 때문에 두려워하였던 것이다.

"그날에 여호와께서 모든 이스라엘의 목전에서 여호수아를 크게 하시매 그가 생존한 날 동안에 백성이 그를 두려워하기를 모세를 두려워하던 것같이 하였더라" (4:14)

여호수아가 명령한 대로 척척 되고, 놀라운 기적이 일어나니 여호수아에게 하나님의 큰 능력이 머물러 있음을 확신하였던 것이다.

하나님의 말씀에 대한 두려움을 갖고 살길 바란다. 말씀대로 행해진다는 사실을 믿고 나아가길 바란다. '그저 설교니까 믿긴 하지만 현실하곤 조금 안 맞아'. 이렇게 생각한다면 큰 오해이다.

하나님의 말씀이 우리의 심령과 100% 싱크로율이 되도록 말씀에 대한 두려움을 갖고 신앙생활을 해야 한다. '내가 어찌할꼬' 하며 가슴을 치는 역사가 일어나야 한다.

의리와 협력의 공동체

교회 공동체는 하나님의 의리로 뭉쳐진 조직이라 생각한다. 여기서 의리는 세상의 의리가 아니며 먼저 택함 받은 자로서의 의리를 말한다.

작은 교회에서는 성도가 한두 명 빠지면 그 빈자리가 너무 큰 게 사실이다. 그렇지만 '이 교회는 내가 없으면 안 된다'라고 생각하는 사람이 있다면 그건 착각이고 교만이다.

혹시 스스로 신앙이 반듯하다고 생각하는 사람이 피치 못할 사정으로 교회를 떠나가게 되었다면 조용히 목회자에게 찾아가 나가겠다고 말하라. 분명 목회자는 그를 위해 축복 기도해주고 보내줄 것이다. 그러나 목회자가 절대 보낼 수 없는 사람이 있다. 가겠다고 떼를 써도 목숨을 걸고 붙잡아야 되는 사람들이 있다.

교회는 다니는데 왜 다니는지 모르는 사람, 구원의 확신이 없는 사람, 사람이 판단할 수는 없지만 전혀 신앙의 경건성이 보이지 않는 사람, 다시 말해, 지금 하나님이 부르시면 절대 천국 갈 수 없겠다 싶은 사람은 절대 놓을 수 없다. 절대 보낼 수 없다.

왜 이런 이야기를 하는 것일까? 의리를 지키자는 것이다. 많은 교회가 있고 우리교회보다 더 훌륭한 교회도 많지만, 하나님께서 나로 하여금 이 교회에 몸 담게 하셨다면 그것은 하나님의 뜻이다.

이스라엘은 12지파로 나뉘어 있었고 가나안 정복 이후 그 지파별로 땅을 분배하게 된다. 여호수아에는 두 지파 반이 나오는데 그들은 르우벤 지파와 갓 지파와 므낫세 반 지파이며 이들은 이미 동편의 땅을 분배받았다. 쉽게 말해, 이들은 정착할 땅을 이미 받았기 때문에 굳이 여리고로 가지 않고, 자기가 분배받은 땅에서 농사를 지으며 살아가면 되는 거였다. 그런데 이들 지파도 어떤 위험이 닥쳐올지 모르는 여리고 정복을 위해 함께 참여한다.

"르우벤 자손과 갓 자손과 므낫세 반 지파는 모세가 그들에게 이른 것같이 무장하고 이스라엘 자손들보다 앞서 건너갔으니 무장한 사만 명가량이 여호

와 앞에서 건너가 싸우려고 여리고 평지에 이르니라" (4:12~13)

두 지파 반은 오히려 이스라엘 자손보다 앞서갔고, 사만 명가량은 싸우기 위해 중무장하고 여리고 평지로 향해 간다. 이것이 의리이고, 협력이다.

또렷하게 가르쳐 주라

이스라엘 백성들이 *요단강에서 올라와 여리고 동쪽의 길갈이라는 곳에 진을 쳤다. 그리고 그곳에 12개의 돌을 세웠다. 그 돌은 다음 세대를 교육하기 위함이었다.

"이스라엘 자손들에게 말하여 이르되 후일에 너희의 자손들이 그들의 아버지에게 묻기를 이 돌들은 무슨 뜻이니이까 하거든 너희는 너희의 자손들에게 알게 하여 이르기를 이스라엘이 마른 땅을 밟고 이 요단을 건넜음이라" (4:21~22)

"너희의 하나님 여호와께서 요단 물을 너희 앞에서 마르게 하사 너희를 건너게 하신 것이 너희의 하나님 여호와께서 우리 앞에 홍해를 말리시고 우리를 건너게 하심과 같았나니 이는 땅의 모든 백성에게 여호와의 손이 강하신 것을 알게 하며 너희가 너희의 하나님 여호와를 항상 경외하게 하려 하심이라 하라" (4:23~24)

수백 년이 흘렀다. 요단강을 건넜던 자손의 먼 후손들이 "아버지, 여기 이 큰 돌들은 무슨 돌입니까? 라고 묻거든 "그래, 아들아. 그래, 딸아. 이 돌은 하나님의 능력과 기적으로 홍해를 가르신 것같이 요단강의 흐르던 물을 끊으시고, 질척한 땅을 마른 땅이 되게 하셔서 그 땅을 밟고 약속의 땅 가나안으로 오게 된 것이다.

그것을 기념한 돌이다. 이 돌은 바로 그 기적의 요단 강 가운데서 메고 온 돌이란다. 하나님은 이런 능력의 하나님이시다"라고 하면서 교육하라는 것이다.

한국 교회 성도수가 줄어든다. 기도가 사라지고 젊은이들이 사라지고 있다는 비관적인 소리를 들어온 것도 십수년이 된거같다.

진짜 심각한 문제는 바로 다음세대에 대한 대안이 없다는 것이다. 어린이, 청소년, 청년들이 교회에 나오지 않는다.

우리는 이들을 어떻게 포용해야 하는가. 또렷하게 가르쳐 주라. 복음은 위대하다고, 예수님은 우리 믿음의 대상이고 우리를 구원해 주실 유일한 하나님이시라고.

그렇다. 지금 우리가 세워야할 교육의 표징은 결코 돌무더기가 아니다. 우리의 믿음이다.

이 믿음의 증거가 다음세대에게 흘러가야 한다. 다음세대에게 텅 빈교회, 삐까번쩍하고 으리으리하지만 몇명모이지 않는 교회.

공허하고 믿음의 열기가 없는 그런 죽은 교회를 물려줄 것인가? 아니다. 다음세대에게 소망을 물려주어야 한다.

내 믿음이 다음세대 소망의 동력임을 우리는 기억하자.

*요단강(Jordan River)

세계에서 수면이 가장 낮은 강. 시리아에서 남쪽으로 흐르며 이스라엘을 지나 요르단에 이른다.
한 원류는 시리아의 헐몬 산 동남쪽 비탈에서 발원하고 다른 원류들은 레바논에서 발원한다. 높은 고원지대 사이의 깊은 골을 따라 흘러 훌라 계곡을 지나는 요단 강은 갈릴리 호수를 가로질러 해수면 아래 400m 깊이의 사해(死海)로 흘러든다. 총 길이는 360km가 넘지만 구불구불하게 흐르기 때문에 발원지와 사해 사이의 실제 거리는 200km도 되지 않는다.
요단 강 가장자리의 고원지대는 비교적 강우량이 많지만 하곡 자체에는 비가 많이 내리지 않아 훌라 계곡에서는 연간 강우량이 550㎜인 반면 사해 북쪽 지역은 겨우 76㎜에 지나지 않는다.
주변 고원지대에 내린 비가 강 또는 와디를 통해 요단 강으로 흘러들지만 강 자체의 수심은 얕다.
강 수위가 높아지는 시기는 1~3월이고 가을이 시작될 무렵에는 수위가 낮아진다. 강물이 중간에 증발하거나 땅으로 스며들기 때문에 하류에 이르면 유수량은 줄어든다.
예부터 요단 강은 국경선 구실을 하는 경우가 많았으며 1948년 이후 갈릴리 호수 몇 km 남쪽에서부터, 왼쪽에서 흘러드는 야비스 강과의 합류 지점까지 이스라엘(서쪽)과 요르단(동쪽) 사이의 국경선 구실을 해왔다. 그러나 1967년 이스라엘 군이 야비스 강의 합류 지점 남쪽, 요르단 강 서쪽 기슭의 요르단 영토를 점령하자 요단 강은 멀리 사해까지 이어지는 휴전선이 되었다.

5. 초월적인 기적, 현실속의 기적 그리고 현실 _(수5:1~15)

SF 영화의 대명사 〈스타워즈〉, 이 영화는 처음 시작할 때, 시그널 음악이 참 인상적이다.

'알투디투, 쓰리피오….'

보통 영화는 1편이 끝난 다음 2편, 3편이 제작되는 게 일반적이나, 스타워즈라는 영화는 첫 번째 시작이 4편부터 시작된다.

1977년에 스타워즈 4편, 1980년에 5편, 1983년에 6편이 만들어졌고, 16년이 지난 1999년도부터 스타워즈 1, 2, 3편이 제작되었다. 그래서 이 영화는 처음 나온 4편부터 보게 되면 주인공을 루크 스카이워커로 착각하기 쉽다.

그러나 4, 5편을 보고 마지막 6편을 보면, 여기서 영화 속 주인공이 루크가 아니라, 악의 화신 다스베이더라는 사실을 알게 된다. 까만 탈을 뒤집어쓰고, 까만 망토를 걸친 다스베이더. 그 다스베이더가 바로 루크 스카이워커의 아버지인 아나크 스카이워커이다.

그래서 마지막 스타워즈 시리즈 6편에 루크와 다스베이더가 싸우면서 다스베이더가 그 유명한 대사, "I'm your father."를 남기고 죽는다. 이처럼 우리는 스타워즈의 주인공을 착각하듯, 이 세상의 주인공을 자신으로 착각하기 쉽다. 그러나 분명히 기억하길 바란다. 세상의 주인공은 바로 하나님이시다. 여리고 정복 전쟁의 주인공도 이스라엘 백성도, 여호수아도 아니다. 바로 하나님이시다.

여호수아가 여리고에 가까이 이르렀을 때에 한 사람이 칼을 빼들고 서 있었다. 여호수아는 궁금했다. '도대체 저 장수는 누구인가?'

"…여호수아가 나아가서 그에게 묻되 너는 우리를 위하느냐 우리의 적들을 위하느냐 하니 그가 이르되 아니라 나는 여호와의 군대 대장으로 지금 왔느니라 하는지라…" (5:13b~14a)

하나님의 군대 대장이 함께 싸워 무찔러 주려고 여호수아 앞에 왔다는 것이다. 그때 여호수아는 얼굴을 땅에 대고 절하였다.

"여호와의 군대 대장이 여호수아에게 이르되 네 발에서 신을 벗으라 네가 선 곳은 거룩하니라 하니 여호수아가 그대로 행하니라" (5:15)

여리고 전쟁이 하나님께서 싸워주시는 전쟁이라는 것을 보여주는 사건이다. 우리도 우리가 사는 그 땅, 그 지역을 '거룩한 땅'으로 만들어야 한다. 우리 교회가 서 있는 지역을 내 역사의 주인공이신 하나님의 거룩한 땅으로 만들어야 한다. 거룩한 땅을 만드는 사명은 우리 교회와 우리 자신에게 있다.

여리고 점령 전쟁은 누구의 전쟁인가?

여호와의 군대 대장이 여호수아와 함께 싸우듯이 전쟁은 하나님께서 주도적으로 이끄시는 전쟁이다.

　기적은 상식이라는 단어와 비교된다. 기적은 상식으로 생각할 수 없는 기이한 일을 말한다. 그렇다면 상식이란 무엇인가. 보통 사람이 알거나 알아야 할 지식이다. 기적이 상식이 된다는 것, 그것은 날마다 교회에 기적 같은 일들이 넘쳐나 이젠 기적을 기적으로 보는 것이 아니라, 아예 상식처럼 생각한다는 것이다.

　그러나 세상에 드라마틱한 삶은 흔치 않다. 간혹 생각지도 않는 감동이 올 때가 있지만 대부분은 별로 감동을 받지도, 주지도 않고 산다. 너무 반복적이고, 지루하고, 긴박감이 없다 보니 누구나 스릴 있는 영화 속 주인공처럼 살기를 원하는 것 같다.

　그래서 일찍이 가수 서태지와 아이들이 '교실 이데아'라는 노래에서 "매일 아침 7시 30분까지 우릴 조그만 교실로 몰아넣고 전국 900만의 아이들의 머릿속에 똑같은 것만 집어넣고 있어"라고 노래하지 않았던가.

　그렇다. 우리는 기적이 일어나길 바라고, 기적 같은 삶을 살기 원한다. 매일 로또에 100억이 당첨되길 바라며 살아간다.

　그런데 하나님께선 이제 광야에서나, 요단강을 건널 때처럼 초월적인 기적의 측면을 거두어 가시고 더 현실적으로, 더 신앙으로 훈련과 연단의 일상으로 바꾸어가고 계심을 알 수 있다.

　이제 이스라엘 백성들은 요단강을 건너왔다. 요단강을 기적적으로 건너게 하신 하나님께서 이제 요단강을 건넌 후 기적의 측면은 사라지게 하시고 현실의 삶에 적응시키는 두 가지 의식을 행하게 하신다. 먼저 할례의식을 행하게 하셨다.

"그때에 여호와께서 여호수아에게 이르시되 너는 부싯돌로 칼을 만들어 이스라엘 자손들에게 다시 할례를 행하라 하시매 여호수아가 부싯돌로 칼을 만들어 할례 산에서 이스라엘 자손들에게 할례를 행하니라" (5:2~3)

*할례 의식은 하나님의 언약 백성의 징표를 나타내는 것이며 할례는 당시 몸에 새겨진 하나님의 백성의 표징이었다.

그런데 왜 하필 전쟁 중에 그것도 여리고를 코앞에 두고 할례를 행하게 하신 걸까? 할례를 하면 며칠 동안 남자들은 싸울 수가 없다. 심하면 일주일이 넘기도 한다. 이 중요한 전쟁에서 하나님은 싸울 수 없는 상태로 만드신 것이 아닌가.

그러나 앞서 이야기했듯이 이 싸움은 전략과 전술의 싸움이 아니라, 하나님께 향한 믿음의 싸움이고 하나님께 향한 성결함의 싸움이다. 그러기에 할례 의식으로 성결함의 표징을 삼기 원하신 것은 우리의 삶이 광야라는 기적의 공간보다 가나안이라는 일상의 삶 속에서 더 성결해야 함과, 우상과 타락에 빠져 있는 그 땅이 더 거룩한 땅이 되어야 함을 보여주고 있는 것이다.

---

*할례
남자 성기 끝의 살가죽을 정해진 의식에 따라 잘라내는 행위.
구약 시대에 이스라엘 민족은 남자 아이가 태어나면 율법에 따라 8일 만에 할례를 베풀었다(레 12:3). 이는 이스라엘 민족과 하나님 사이에 맺은 계약을 몸에 새기는 것을 의미했다(창 17:13-14). 유대교로 개종하는 모든 남자는 의무적으로 이 할례를 받도록 되어 있다. 이후 초기 그리스도교 교회는 교회에 들어온 자에게 이러한 '모세의 법'을 의무조항으로 하지 말 것을 정했다.

우리는 주일마다 교회에서 아름다운 모습으로 예배를 드린다. 모두들 경건의 옷을 입고 예배 자리에 앉아 있다.

하나님께서는 자격 없는 우리에게 멋진 경건의 옷을 입혀주셨다.

그런데 문제는 교회에서의 모습이 아니라, 예배를 마치고 세상을 향해 나아간 그 이후의 삶이다.

언젠가 인터넷 기사를 보니, 세 명의 여자를 감금해 수년 간 성폭행한 흉악범에게 '종신형 + 1000년 형'이 언도되었다고 한다. 집안에 여자를 감금시켜놓고 5번의 임신과 낙태를 반복하게 한 짐승같은 자였다.

그런데 더 수치스러운 게 무엇인지 아는가? 이 흉악범은 매주 교회를 한 번도 빠지지 않고 잘 다니던 예수 믿는 자였다는 사실이다.

변화되지 않는 것은 거짓이고 위선이다.

우리는 삶의 대부분을 세상 속에서 살아간다. 그러므로 우리는 세상 속에서도 거룩함을 잃지 말고, 성결함을 잃지 말아야 한다. 또한 다른 한편으로 세상은 거룩하지 않기 때문에 우리가 거룩함의 장소로 만들어야 한다.

그런 우리 삶의 모습이 이래야 하며 이렇게 살아야 한다는 표징으로 할례를 행하게 하신 것이다.

또한 전쟁중에 유월절 절기를 지켰다.

유월절은 '패스오버(passover)' 즉, '넘어가다'라는 뜻으로써 언약 백성이 취해야 할 의식과 행동을 보여주고 있다.

출애굽 당시 열 가지 재앙 중 마지막 재앙이 바로 장자의 죽음이었다. 그러나 하나님께서는 죽음을 피할 길을 주셨는데, 그것이 문인방과 문설주에 피를 바르면 장자의 죽음을 면하게 되는 것이었고 그때를 기념한 절기가 유월절이다. 또한 유월절은 바로 예수님의 십자가를 예표하고 있다.

이 유월절에는 쓴 나물을 먹으며 종살이의 쓰라림을 기억하고 누룩이 없는, 방부제 없는 무교병을 먹었다.

이런 긴박한 전쟁 상황 속에서도 중요한 것은 우리의 신앙이고, 우리의 의식이며, 우리의 성결함이다.

지금은 긴박한 상황이다. 그런데 전쟁 중에도 태평하게 할례를 행하고, 유월절 절기를 지킨 것은 하나님께 향한 믿음과 예배자의 태도가 전쟁보다 더 중요하다는 것을 의미한다.

우리 또한 목숨을 걸고 주일성수 해야 하고 반드시 지켜야 한다. 이것이 우리의 신앙이고 우리의 의식이며 이것이 우리의 성결함이다. 우리가 전쟁 같은 세상에 살아가는 것은 마찬가지이다.

'바빠서 교회 못 나온다, 시간이 안 된다, 더 급한 일이 있다'. 이것은 아니라는 것이다.

기적이 상식이 되는 교회, 늘 기적과 놀라움이 넘쳐나는 교회, 그런 삶이 과연 좋기만 한 것일까? 아무리 생각해봐도 기적이 상식이 된다는 것은 하나님의 뜻대로 살아가는 방법이 아니란 생각이 든다. 기적이 상식이 되었을 때엔 아주 중요한 것을 잃게 된다.

먼저, 감사가 사라진다.

사람은 늘 기적적인 방법으로 만나와 메추라기만 먹던 것이 일상이 되면 '오늘도 또 주셨네. 감사합니다' 가 아니라, 그 또한 일종의 습관으로만 여기기 쉽다는 것이다.

누군가가 "우리는 동그란 공 위에서 살아가고 있다. 지구는 1시간에 무려 14만 킬로로 달려가고 있다. 매일 해가 뜨고 해가 지고 달이 뜨고 달이 지고, 하늘에서는 물줄기가 터져 쏟아지기도 하고, 하얀 눈, 하얀 가루를 날려 쌓이게도 한다. 이것보다 더한 기적의 삶이 어디 있는가?"라고 말했다고 하자. 이 사실은 기적인데 그 같은 기적이 상식이 되어버렸다.

어떠한가? 여전히 놀라운가? 해가 뜨고 지는 것, 여전히 놀라운가? 여전히 '하나님, 감사합니다' 라는 고백이 절로 나오는가?

아니다. 기적이 상식이 되어버리니 감사함을 잊게 된다. 우리는 단 5분도 숨을 쉬지 않으면 죽지만 지금껏 살아오면서 생명을 잃을 정도의 숨막힘을 경험하지 않았다.

그런데 숨 쉬는 것에 대해 감사함을 느끼는가? 기적이 상식이 되면 감사함이 사라진다.

또한 기도가 사라진다. 다 해결되었는데 기도가 무슨 필요가 있을까. 기도하지 않아도 매일 기적이 쏟아지는데 힘들게 기도할 이유는 없다.

기도하지 않으면 하나님과의 관계가 멀어질 것이고 당연히 기도를 통한 응답도 사라질 것이다.

우리에겐 기쁨도 사라질 것이다. 늘 사시사철 고른 강수량을 주시고, 좋은 햇볕도 주시며 항상 곡식과 과일이 벌레 하나 먹는 것 없이 잘 자란다면 그것은 그저 평범한 일상이다.

가물어 메마른 땅에 단비를 내려주셨을 때, 바로 그때 해갈의 기쁨을 누리는 것이다. 그런 일을 경험하지 못하니 기쁨도 사라진다. 그래서 하나님은 기적이 상식이 되는 걸 원하지 않으시고, 오히려 우리의 삶이 평범한 일상이 되길 원하신다.

하나님은 이스라엘 백성들을 이끄실 때 삶 속에서 세 가지 변화의 과정을 거치게 하셨다.

첫째, 초월적인 기적으로 살아가게 하시다가
둘째, 현실 속의 기적으로 살아가게 하시고
셋째, 그냥 현실로 살게 하신다.

초월적 기적, 현실적 기적, 현실 이렇게 3단계로 이스라엘 백성들을 이끄셨다는 것이다.

초월적 기적은 출애굽과 광야 생활이다. 이스라엘 백성들은 출애굽 하여 광야 속의 40년간 기적의 생활을 했다. 어떻게 풀 한 포기 자라나지 않는 사막 가운데서 200만의 이스라엘 백성들이 무려 40년간 살아갈 수 있었겠는가.

광야에서 초자연적 현상으로 만나를 떨어뜨린 것, 메추라기를 보내 고기를 먹게 하신 것, 홍해를 가르시고, 요단강을 건너게 하신 것, 이것이 기적이다.

그런데 하나님께서 그러한 기적으로 사람을 살게 하기 원하셨다면 여전히 그렇게 하셔야 하는데 이상한 일이다. 말씀에는 그 놀라운 하나님의 기적을 거두셨다. 그리고 이젠 현실 속에서 초월하지 않는 하나님의 기적을 보이셨다.

앞서 요단강을 건넌 후 초월적인 기적에서 현실 속의 기적으로 바꾸어가셨다고 이야기했는데 그렇다면 현실 속의 기적이란 무엇인가. 말 그대로 현실을 초월하지 않는 기적이다. 이것은 일종의 하나님의 타이밍이라고 볼 수 있다.

언젠가 5만 번 기도 응답을 받았다는 조지 뮬러에게 많은 고아원 아이들을 먹일 빵이 떨어지게 되는 일이 있었다.

뮬러는 빈 접시에 포크가 놓여 있는 식탁에 아이들을 앉혔다. 그리고 "얘들아, 우리 기도하자. 기도하면 하나님께서 빵을 배불리 먹게 하실 것이다"라고 말한 후 열심히 기도했다.

그 후 기도가 끝났을 때, 때마침 어느 빵가게에서 빵을 가득 싣고 고아원으로 들어왔다.

"어제 재고가 많이 남아서… 혹시 이 빵을 드려도 되겠습니까?" 아이들은 기도를 마치자마자 그 빵을 배불리 먹었다. 이것이 현실 속의 기막힌 타이밍, 현실 속의 기적이다.

하나님께서는 지금 이스라엘 백성들에게도 이와 같은 현실 속의 기적을 일으키셨다.

"또 이스라엘 자손들이 길갈에 진 쳤고 그달 십사일 저녁에는 여리고 평지에서 유월절을 지켰으며 유월절 이튿날에 그 땅의 소산물을 먹되 그날에 무교병과 볶은 곡식을 먹었더라" (5:10~11)

이 말씀, 좀 의아하지 않는가? 이제 막 요단강을 건너온 사람들인데 어디에 먹을 것이 있었을까? 한두 명이 먹은 것도 아니고, 이스라엘 200만 명의 사람들이 다 먹을 양이라면 엄청난 양이다.

그런데 성경 10~11절에는 유월절을 지켰고, 그 이튿날에 그 땅의 소산물을 먹었으며, 무교병과 볶은 곡식도 먹었다고 했다.

이것이 어떻게 가능한가. 하나님께서 기적 같은 방법으로 며칠 사이에 곡식들이 쑥쑥 자라게 하셨을까? 설령 자랐다 해도, 아직까지는 남의 땅이다. 그러나 그 현실적 기적의 근거가 나와 있다.

"요단 서쪽의 아모리 사람의 모든 왕들과 해변의 가나안 사람의 모든 왕들이 여호와께서 요단 물을 이스라엘 자손들 앞에서 말리시고 우리를 건너게 하셨음을 듣고 마음이 녹았고 이스라엘 자손들 때문에 정신을 잃었더라" (5:1)

즉, 요단 서쪽 아모리 사람의 왕들과 가나안 사람의 모든 왕들이 200만 명이나 되는 이스라엘 백성들이 요단강을 건너왔다는 소식을 듣고, 혼비백산하여 도망하였음을 알 수 있다. 왜 그런가?

1절 하반절에 의하면 "이스라엘 자손 앞에서 요단 물을 말리시고 건넜단 얘기를 듣고 마음이 녹았고, 이스라엘 때문에 정신을 잃었다"는 것이다.

다시 말해 '이스라엘 백성들이 요단강을 건널 수 있을까' 라며 계속 숨 죽이고 지켜봤는데 엄청난 기적으로 건너오는 것을 보고 모두 정신을 잃었다. 요단 강 주변의 모든 족속들은 겁이 나 자신의 농작물을 내팽개쳐두고, 견고한 성으로 무장하고 도망쳤을 것이다.

이스라엘 백성들은 저들이 경작해놓은 곡식이나 채소를 고스란히 노획하여 먹었다는 말이다. 전쟁 중이니 가능한 일이다.

이것이 현실 속의 기적이다. 없는 것을 기적같이 나타나게 하신 것이 아니라, 현실의 상황 속에서 기적 같은 현실을 만들어 가신다는 것이다.

하나님은 요단강 물이 마를 때 건너가게 하시지, 왜 강물이 불어날 그때에 강을 건너게 하셨는가? 이것이 타이밍이다. 성경은 강물이 불어나는 시기가 곡식을 거두는 시기였다고 기록하고 있다.

내게 필요 적절한 타이밍을 기적같이 맞춰주시는 것, 이것이 현실 속의 기적이다. 그런데 우리는 약한 그릇이기에 조금만 힘들어지면 좌절하고 고통스러워하고 힘들어한다.

좌절에 빠지고 무기력함에 빠진 한 사람이 있다. 무기력한 모습으로 있을 때, 하나님은 그를 벼랑 가운데로 부르셨다. 그리고 점점 벼랑 끝으로 몰아내셨다. 그가 앞을 내려다보니 정신이 아찔할 정도로 높은 낭떠러지이다.

'하나님께서 왜 이러실까? 나를 이제 벼랑 끝으로 내몰아 죽게 하시려나보다. 하나님도 나를 버리시려는구나' 하며 두려움에 떨고 있는데 하나님은 무기력하고 나약한 사람을 벼랑 끝에서 밀어버리셨다. 곧 그는 비명을 지르며 낭떠러지에 떨어졌다.

그 순간, 그는 자신에게 날 수 있는 날개가 달려 있다는 사실을 알게 되었다. 보이지 않아 없는 줄만 알았던 그 날개가 바로 하나님의 기적이다.

만약 당신이 평범한 현실 속에서 다급한 상황을 만났다면 믿고 뛰어내려라. 그 다음부터 하나님께서 당신을 날게 해주신다.

자, 이젠 그 현실 속의 기적도 현실의 일상으로 바꾸어놓으셨다. 현실을 살아가게 하셨다.

"또 그 땅의 소산물을 먹은 다음 날에 만나가 그쳤으니 이스라엘 사람들이 다시는 만나를 얻지 못하였고 그 해에 가나안 땅의 소출을 먹었더라" (5:12)

그 땅의 소산물을 먹은 다음날, 만나가 그쳤고 이스라엘 사람들은 다시는 만나를 얻지 못하였다고 했다. 이젠 현실이 된 것이다.

우리는 지금 현실에 살고 있다. 지리멸렬하고 단조롭다고 생각하는가? 일상의 순리대로 살자.

그러나 정말 현실 속에서 하나님의 기적을 바라신다면 기도하라. 그로 인한 응답 받음은 나와 당신의 삶을 기쁨으로 채워주실 것이다.

6. 무력이 아닌 하나님의 방법으로
_여리고성을 무너뜨리신 놀라운 하나님의 방법 (수 6:1~9)

　이 나라 대한민국은 오천 년을 이어온 단일 민족이다. 그리고 단일 민족이라는 것은 그만큼 우리나라가 외부와 교류가 적은 폐쇄적인 나라였다는 뜻을 나타내기도 한다. 그러나 세계에는 여러 민족들이 한 나라를 구성하고 있는 예가 대부분이다.

　하나님께서 이스라엘 백성들에게 약속하신 가나안 지역도 아브라함 당시에는 10개 민족, 족속으로 구성되어 있었다. 그런데 아브라함 때부터 여호수아 때까지의 기간이 대략 400년쯤으로, 이 기간동안 민족의 대 이동으로 열 족속 중 가나안 족속, 헷 족속, 히위 족속, 브리스 족속, 기르가스 족속, 아무리 족속, 여부스 족속 등 일곱 족속이 가나안에 남아 있게 되었고, 세 족속은 어디론가 이동을 했다.
　또한 출애굽 직전에 블레셋 족속이 가나안에 들어오게 되어 총 여덟 부족이 가나안에 살게 되었다. 블레셋 족속은 그 유명한 골리앗이 있었던 족속이다.

이렇듯 다양한 족속들이 한 공동체로 형성되어 있었기에 그들은 각 족속별로 견고한 성을 만들어 성읍을 형성하고 살았다.

당시 학자들은 대략 30~40개 이상의 성읍이 있었다고 추정한다. 그리고 그중 여리고 성이 당시에 가장 견고하고 큰 성읍이었고, 반면에 아이 성은 가장 작은 성읍이었다고 볼 수 있다.

이와 같이 여덟 족속이 크고 작은 성읍을 이루고 살았는데 그중 일종의 요새화된 도시 국가 형태를 이룬 족속이 바로 가나안이었다. 그래서 보통 우리는 영적으로 볼 때 가나안으로 향하는 것을 영원한 천국, 곧 우리 인생의 귀착점으로 인식한다.

나 가나안 복지 귀한 성에 들어가려고, 내 무거운 짐 벗어버렸네,
이후로 다시 방황할 일 전혀 없으니 저 생명 시냇가에 살겠네,
길이 살겠네 나 길이 살겠네 저생명 시냇가에 살겠네
길이 살겠네 나 길이 살겠네 저생명 시냇가에 살겠네
(찬송가 246장)

찬송가의 가사처럼 가나안은 영적으로 아주 큰 의미가 있는 지역이다. 그리고 가나안 진군의 가장 큰 장애는 바로 여리고성이었다. 그런데 견고한 여리고 성이 무너졌다.

여리고 성안에는 일반 백성들뿐 아니라, 강력한 무기로 무장한 군사들이 있었으며 여리고 성을 지키는 군대는 결코 호락호락한 군사들이 아니었다.

그런데 신기한 것은 여리고 성이 무너져 죽어가는 그 순간까지도 전혀 물리적 싸움이 없었으며 누구 하나 칼과 창을 겨누었다는 이

야기가 없다는 것이다.

　이상하지 않은가? 적군이 쳐들어오는데, 죽이 되든 밥이 되든 덤벼들어 싸워야 할 판에 여리고 성 군사들은 어떠했나? 그들은 전의를 상실한 채 전쟁에 대한 의욕조차 없었다.

"이스라엘 자손들로 말미암아 여리고는 굳게 닫혔고 출입하는 자가 없더라" (6:1)

　많은 학자들이 *여리고 성에 수만에서, 많게는 수십만의 백성과 군대가 있었을 것으로 추정하는데, 이는 이들이 밖으로 다니지 않고 여리고 성문을 굳게 닫았으며, 아예 출입하지 않았던 것이다.

　왜 전의를 상실했는가? 그것은 이들이 하나님을 두려워했기 때문이다. 하나님의 놀랍고도 초월적인 기적을 속절없이 지켜만 보고 있었던 것이다.

　하나님께서는 여호수아에게 '내가 여리고와 그 왕과 용사들을 네 손에 넘겨주었다'고 말씀하셨다.

---

* 여리고(Jericho)
B.C. 9000년경부터 있었던 것으로 추정되는 세계에서 가장 오래된 도시 가운데 하나로, 예루살렘 북동쪽 36km, 요단 강과 사해가 합류하는 북서쪽 15km 지점에 있으며 주변보다 약 21m 정도 높이 솟은 작은 산 위에 자리 잡고 있다. 각종 과실수(특히 종려나무)가 우거진 오아시스 지역이어서 예로부터 종려나무 성으로 불리기도 했다.
이미 B.C. 8000년경부터 주민들이 마을 주위에 거대한 돌로 벽을 두르거나 거대한 돌탑을 세울 정도의 조직된 공동체로 발전해 있었고, 성벽으로 둘러싸여 있던 마을은 도시라는 용어에 걸맞게 규모가 컸으며 주민도 많았다. 이곳에서 발견된 재배종의 밀과 보리의 낱알들을 통해 농업이 발달했던 것으로 짐작되며, 이를 위한 관개시설도 고안했을 것으로 여겨진다.
그러나 여호수아가 이끄는 이스라엘인들에 의해 무너진 뒤 B.C. 9세기 베델 사람 히엘이 재건할 때까지 사람이 살지 않았다(왕상 16:34). 후대에 헤롯대 대왕이 이곳에 겨울 궁전을 세우기도 했다. 현재는 1967년 이스라엘이 점령한 분쟁 지역인 웨스트 뱅크 내에 위치해 있다.

넘겨주시는 분은 하나님이시다. 그 성을 무너뜨리시는 분도 하나님이시다. 혹시 내 삶에 여리고 같은 철옹성이 나를 주저앉게 한다고 생각하는가? 그 장벽만 쳐다봐도 아찔하고 어지러운가?

무너뜨리는 분은 하나님이시지, 내가 아니다. 그러니 우리 겁내지 말자. 하나님만 의지하면 된다. 하지만 우리는 현실에 대한 판단만 한다.

'이게 될까? 안 될 거야, 내가 할 수 있을까? 내가 어떻게 해.'

하나님께서 모세에게 양치기를 그만두고 다시 애굽으로 돌아가 이스라엘 백성들을 이끌고 가나안을 향해 가라고 하셨을 때, 모세는 판단한다.

"하나님, 나는 늙었습니다. 나는 이스라엘을 이끌 만한 지도자가 아닙니다. 나는 입술이 둔하여 말주변도 없습니다."

하나님께서 어떻게 말씀하시는가?

"내가 언제 너에게 바닷물을 가르라 했느냐? 너는 그저 지팡이로 바다를 내리치기만 해라. 너는 왜 착각하느냐? 너는 그저 바위를 내리치기만 하면 된다. 샘물이 쏟아져 나오게 하는 것은 나다"

판단하지 않길 바란다. 현실의 해결책이 나에게 있다고 생각한다면 우리는 그때부터 힘들어지게 된다. 여리고 성을 무너뜨리시는 분은 오직 하나님이시다.

한편, 우리는 하나님께서 여리고 성을 어떻게 무너뜨렸는지 그 원칙을 알고 배워야 한다.

하나님은 어떤 원칙으로 여리고 성을 무너뜨리셨는가?

지도자를 통해 명령하심

"여호와께서 여호수아에게 이르시되(여호수아에게 명령하심) 보라 내가 여리고와 그 왕과 용사들을 네 손에 넘겨주었으니 너희 모든 군사는 그 성을 둘러 성 주위를 매일 한 번씩 돌되 엿새 동안을 그리하라(모든 군사들이 할 일) 제사장 일곱은 일곱 양각 나팔을 잡고 언약궤 앞에서 나아갈 것이요 일곱째 날에는 그 성을 일곱 번 돌며 그 제사장들은 나팔을 불 것이며 제사장들이 양각 나팔을 길게 불어(제사장이 할 일) 그 나팔 소리가 너희에게 들릴 때에는 백성은 다 큰 소리로 외쳐 부를 것이라 그리하면 그 성벽이 무너져 내리리니 백성은 각기 앞으로 올라갈지니라 하시매(백성들이 할 일)" (6:2~5)

하나님은 한 공동체를 이끄실 때 그분의 입을 대변할 지도자를 먼저 택하시고, 그 지도자를 통해 하실 말씀을 전하신다.

여리고 성이 어떻게 무너졌는가? 물론 하나님께서 하신 것이었으며 또한 각자가 자기 할 일을 잘 감당했기 때문이다.

군인들이 할 일, 제사장이 할 일, 백성들이 할 일을 각각 잘 감당했기 때문에 그런 것이다.

교회 안에서도 각자 자기 역할, 자기 자리를 잘 지키면 하나님께서 놀라운 부흥을 허락해 주신다. 특히 목회자는 하나님의 입술의 도구로서 거룩한 부담감을 잃지 말아야 한다. 전

하는 말씀에 인간적인 불순물이 1%라도 들어간다면 그는 이미 타락한 목사일 것이다. 어떤 것이든 '내가' 라는 말이 들어가면 볼 것도 없이 100% 이단이다.

한 교회에 기도를 정말 많이 하시는 권사님이 계셨다. 그런데 그분이 기도를 하며 온갖 체험을 하다 보니 늘 하나님의 은혜를 전하는 것이 아니라, 자신의 체험만 떠드는 나팔수가 되어버렸다.

그리고 어느 때부터인가 성도들은 권사님에게 기도를 해달라고 하며 예언 기도를 해달라고 하는 지경에까지 이르렀고 권사님은 교회의 큰 골칫거리가 되었다.

결국 그 일은 목사님의 권면으로도 해결되지 않아 교회법대로 치리할 수밖에 없었다고 한다.

전해야 할 것은 오직 말씀이다. 하나님의 말씀의 선포는 전혀 새로운 게 아니라, 기록된 성경 말씀 속에 하신 약속들의 되풀이다. 이미 예언의 말씀은 완성되었다.

하나님의 말씀은 광대하기 때문에 그 말씀으로 신앙생활을 어떻게 하고, 삶을 어떻게 살아가야 할지를 말씀하신다.

여호수아는 이제 하나님의 명령을 받아 제사장과 백성과 군사들에게 명령을 하달한다.

"눈의 아들 여호수아가 제사장들을 불러 그들에게 이르되 너희는 언약궤를 메고 제사장 일곱은 양각 나팔 일곱을 잡고 여호와의 궤 앞에서 나아가라 하고 또 백성에게 이르되 나아가서 그 성을 돌되 무장한 자들이 여호와의 궤 앞에서 나아갈지니라 하니라" (6:6~7)

그리고 여호수아의 명령대로 제사장과 백성들과 무장한 자들이 순종해 나아갔다.

"여호수아가 백성에게 이르기를 마치매 제사장 일곱은 양각 나팔 일곱을 잡고 여호와 앞에서 나아가며 나팔을 불고 여호와의 언약궤는 그 뒤를 따르며 그 무장한 자들은 나팔 부는 제사장들 앞에서 행진하며 후군은 궤 뒤를 따르고 제사장들은 나팔을 불며 행진하더라"(6:8~9)

하나님께서 여호수아에게, 여호수아는 각 직무를 맡은 자들에게 명령하고 직무를 맡은 자는 그대로 순종한다.

하나님의 이 원칙을 기억하라. 교회를 이끄시는 하나님의 방법도 동일하다. 비전은 하나님께서 세워 가신다.

지금 여리고 성 앞에 서 있는 이스라엘 백성들은 자기 역할들이 다양하게 있지만 제사장이든, 군사들이든, 일반 백성들이든 모두 하나의 공동 목표를 위해 싸우고 있다. 이들의 목표는 가나안 점령이고, 지금 일차적으로는 여리고 성을 무너뜨리는 것이다.

마찬가지로 교회의 목표도 명확하다. 주님께서 주시는 복음 전파의 소명과 하나님 사랑, 이웃 사랑의 실천이 가장 중요한 목회철학이다.

순종하게 하심

믿음 없이 여리고성을 돌던 백성들은 이런 생각이 들었을 수도 있다. '이런 기괴한 방법으로 성을 돈다고 이 성이 무너져 내릴까?'

그러나 '아니다. 하나님께서 함께하시면 분명히 무너져 내린다.' 이 믿음이 있다면 승리한다. 의심하면 절대 이루어질 수 없다.

다행히 이스라엘 백성들은 즉각적으로 순종했다. 우리 또한 마찬가지이다. 자신의 생각에 도저히 납득이 되지 않고 이해되지 않는다고 해도 순종하라.

일곱 명의 제사장들은 양각 나팔을 불었고 언약궤는 그 뒤를 따랐다. 그리고 무장한 군사들은 나팔 부는 제사장 앞에서 행진하였고, 후군은 궤 뒤를 따라갔으며, 제사장들은 나팔을 불며 행진했다.

이들은 이 같은 방법으로 여리고 성을 한 바퀴 돌고 진영으로 돌아와서 잠을 잤고 둘째 날도, 셋째 날도 그리고 엿새 동안 이런 식으로 돌기만 했다.

일곱째 날, 그들은 새벽부터 일찍 일어나 같은 방식으로, 그러나 그날만은 일곱 번 돌았다. 그리고 여호수아의 명령에 따라 외쳤고 성이 무너졌다.

"이에 백성은 외치고 제사장들은 나팔을 불매 백성이 나팔 소리를 들을 때에 크게 소리 질러 외치니 성벽이 무너져 내린지라…" (6:20a)

세상은 만만하지 않다. 살아보니까 그렇다. 하지만 여리고 성이 만만하게 무너져 내렸다.

세상 속 어려움과 근심과 고통, 해결해야할 문제도 무너져 내릴 방법이 있다. 그것은 하나님만 의지하고 하나님의 방법을 따르는 길이다.

세상을 향해 담대히 부르짖자. 그리고 외치자. 이스라엘 백성들의 외침으로 인해 여리고 성이 무너져 내린 것처럼 우리의 현실적인 문제, 상한 심령의 문제, 질병의 문제, 관계의 문제도 무너져 내릴 것이다.

그런데 한 가지 신기한 것이 있다. 그것은 여리고 성이 외벽과 내벽으로 2중으로 되어 있고 외벽의 두께는 대략 2미터 정도 되며, 내벽은 대략 4~5미터 정도 된다는 것이다. 당시의 군사력으로는 도저히 무너뜨리지 못할 그런 성벽이었다고 한다.

그런데 더욱 놀라운 것은 현대에 와서 고고학적으로 보존된 여리고 성을 살펴본 결과, 보통 성이 무너진다면 안에서 밖으로 무너지는 게 원칙인데 여리고성은 성안을 감싸 안듯 무너졌다는 것이다. 그렇기에 성 주변을 돌던 이스라엘 백성들은 단 한 명도 상하지 않았다. 하나님은 놀라운 방법으로 성을 무너뜨리셨다.

드리게 하심

우리는 하나님께서 크게 생각하시는 것을 소홀히 생각할 때가 있다. 그 대표적인 예가 하나님께 온전히 드려야 할 예물이다. 하나님께선 우리에게 드릴 것은 반드시 드리라고 말씀하신다.

"너희는 온전히 바치고 그 바친 것 중에서 어떤 것이든지 취하여 너희가 이스라엘 진영으로 바치는 것이 되게 하여 고통을 당하게 되지 아니하도록 오직 너희는 그 바친 물건에 손대지 말라 은금과 동철 기구들은 다 여호와께 구별될 것이니 그것을 여호와의 곳간에 들일지니라 하니라" (6:18~19)

이제 여리고 성이 무너지고, 이스라엘 백성들은 그 안의 각종 전리품들을 거둬들이게 되었다. 그런데 하나님께서는 그것을 하나님께 온전히 드리라 말씀하신다.

우리는 이 드림에 대해 혹여 너무 쉽게, 너무 소홀히 생각하지는 않는가? 우리 자신의 신앙을 점검해 보아야 한다.

대표적인 것이 십일조이다. 십일조는 헌금이라기보다 하나님 것이다. 왜 십일조 드림을 아까운 것으로 생각하는가. 그것은 '내 것'이라고 생각하기 때문에 그렇다. 십일조는 하나님 것인데 아까운 돈의 문제로 생각한다.

아나니아와 삽비라가 하나님께 온전히 드리겠다는 약속 후, 드리지 않은 게 아니었다. 그중에 일부만 뺀 것이다.

사실 아나니아와 삽비라와 같이 그 정도로 헌금했던 성도들이 당시에는 많지 않았을 것이다. 그런데 살다보면 약속을 못 지킬 수도 있었을 것인데, 하나님은 무섭게 그리고 가차 없이 치셨다. 왜 하나님께서 그렇게까지 하셨을까?

물론 성경엔 '성령을 속였다' 라는 명백한 징벌의 이유가 나와 있다. 그런데 이를 통해 알 수 있는 것은 하나님은 하나님께 드려야 할 것에 대하여 중요하게 생각하시는 분이라는 점이다.

여호수아 7장에는 아간의 범죄가 나오는데 욕심에 따라 전리품을 뒷주머로 챙겼던 아간은 결국 아골 골짜기에서 돌에 맞아 죽임을 당한다. 그 처참한 죽음의 현장에서 '아골골짝 빈들에도 복음 들고 가오리이다' 라는 찬양이 나온 것이다.

그런데 우리는 생각한다. 큰 전쟁에서 그깟 전리품 좀 슬쩍했다고 죽일 일인가? 그만큼 우리는 하나님께 드림에 대한 소홀함이 있다는 것이다. 드려야 할 것은 드려야 한다.

한 가지 중요한 것을 기억하자. 성이 멸망하는 가운데 기생 라합을 비롯한 그의 가족과 주변 사람은 구원을 받았다. 6장에는 광대한 전쟁에 대한 설명과 행동이 기록되어 있다.

그런데 그 가운데 하찮은 기생 라합을 살려준 이야기가 꽤 많은 지면을 할애하고 있다. 이는 그것이 하찮은 일이 아니라는 것이다.

25절에 "여호수아가 기생 라합과 그의 아버지의 가족과 그에게 속한 모든 것을 살렸으므로 그가 오늘까지 이스라엘 중에 거주하였으니 이는 여호수아가 여리고를 정탐하려고 보낸 사자들을 숨겼음이었더라"라는 기록은, 17절에도 똑같이 반복되어 있다.

그리고 22~25절까지도 마찬가지로 똑같은 내용이다. 이것이 우리에게 무엇을 말하고 있는가.

하나님은 심판의 자리에서도 구원하실 자는 반드시 구원하신다는 의지를 보여주는 대목이다.

세상을 살다보면 견고한 여리고 성처럼 나를 가로막고 있는 일들은 너무 많다. 하지만 걱정하지 않기를 바란다. 하나님께서 당신의 기가막힌 방법으로 해결해 주실 것이다.

또 우리는 이렇게도 생각한다. '나는 여리고 성안에 갇혀 있어 이 성과 함께 무너져 버리는 게 아닌가?' 그러나 하나님은 완전히 무너지는 여리고 성에서 당신이 택하고 구원하기 원했던 라합과 그 가족을 건져내셨다.

이 세상을 살다 보면 이제 곧 무너질 여리고 성안에 갇혀 있는 것 같은 기분이 들 때가 있다.

하지만 결코 여리고 성에 몰사당할 일은 없다. 그 이유는 하나님께서 라합과 그 가족이 구원받은 것처럼 우리를 구원해 내실 것이기 때문이다.

　멸망과 죽음에 속한 자들 가운데서 보석 같은 당신의 자녀를 택하실 것이다.

7. 될 것 같은 일도 안 되는 이유 _(수7:1~13)

언젠가 인터넷에 올라온 한 장의 사진이 큰 이슈가 된 적이 있다. 사진은 경찰제복을 입은 한 남성이 서울시립대 앞 사거리에서 70대 할머니가 파는 뻥튀기 과자 7개를 담는 모습이었고 이 모습을 본 권모씨가 사진을 SNS에 올린 것이 점차 퍼지게 되어 전 국민의 이슈가 되었다.

사진 속 주인공은 서울 동대문경찰서 관할 청량리역 파출소의 최용준 경장(36세)과 임중섭 순경(26세)으로 사진 속 사연은 이랬다.

찌는 더위가 한창이던 날, 고령의 할머니가 노상에서 뻥튀기를 팔고 있었고 그 모습을 본 경찰은 할머니가 걱정되어 그곳에 있던 뻥튀기 7개를 모두 산 후, 할머니가 집으로 돌아가실 수 있도록 했던 것이다.

참 수수한 일상의 일이지만 감동되는 이야기이다. 우리 주변에서 이런 훈훈하고 감동적인 소식이 자주 들려와야 할 텐데 말이다.

그러나 뒤돌아서면 땅이 꺼져라 한숨만 내쉬는 일이 허다한 것이 우리의 인생인 듯하다. 문제와 문제의 연속이고 큰 문제는 큰 문제대로, 작은 문제는 작은 문제대로 늘 속을 썩인다. 순순히 넘어가는 경우가 별로 없는 것 같다.

세상은 내가 원하는 대로 되지 않는 것 같고 어떤 일은 정말 잘 될 것 같다가도 되지 않으면 '아, 내 뜻대로 되는 게 하나도 없구나' 라는 생각을 하게 된다.

이것은 무엇을 말하는가? 세상의 모든 문제를 해결하는 원칙이 내 손 안에 있지 않다는 것이다. 모두 인정하는 바 아닌가.

한번은 내가 자전거를 타고가다 신호에 걸려 대기하고 있었다. 파란 불로 바뀌어 건너가고 있었는데, 갑자기 오토바이가 달려와 내 자전거의 뒷부분을 쳤다. 자전거 뒷부분이 많이 휘어졌으나 나는 다행히도 바닥에 살짝 고꾸라졌을 뿐 다친 데는 없었다.

내가 타고 있던 위치와 뒷바퀴 사이의 간격은 불과 30센티 정도였로 조금만 늦게 건넜다면, 오토바이가 내 몸을 그대로 들이받아 아마도 병원 신세를 지게 되었을지도 모른다. 이럴 때를 두고 '불행 중 다행이다' 라고 말하는 것 같다.

그런데 내가 아는 분은 별로 큰 교통사고도 아니고 그저 접촉사고였는데, 그 차에 타고 있던 한 청년만 목이 심하게 꺾이는 바람에 목 아래의 하반신이 마비되었고 안타깝게도 평생 휠체어에 의지해서 살아가고 있다.

이것은 심각하지 않은 상황에서 최악의 상황을 당한 것이다. 한순간이다. 내가 악화되는 것도, 회복되는 것도 한순간이다.

여러분은 강하다고 생각하는가? 우리는 한 없이, 정말 한 없이 연

약한 그릇이다. 살짝 바닥에 떨어져도 깨져버리는 그런 유약한 존재이다. 무언가 열심히 노력하면 내 마음대로 된다고 생각하지만, 땀 흘리며 성실하게, 그리고 열심히 계획하고 수습하면 원하는 대로 이끌 수 있을 것이라 생각하지만 전혀 예상하지 못한 일로 일을 그르칠 때가 많다.

이스라엘의 초대 왕 사울은 40세에 왕이 되었다. 처음엔 겸손하고, 하나님을 잘 신뢰하였던 왕이었는데, 한 2년쯤 지나자 처음의 순수함과 겸손함은 사라지고 교만해졌다.

어느 날, 그의 아들 요나단이 블레셋을 선제공격했는데 그 보복으로 블레셋의 엄청난 군대가 대대적으로 이스라엘을 침공해 왔다.

사울은 다급했다. 그래서 사무엘에게 하나님께 제사를 드리자고 요청했다. 그런데 아무리 기다려도 사무엘이 오지 않는 것이다. 그의 마음이 또 다시 급해졌다.

사울은 다급한 마음에 절차와 형식을 무시한 채, 제사장만이 드릴 수 있는 제사를 하나님께 드렸다. 이렇게 행하면 하나님께서 어여삐 봐주셔서 적군 블레셋을 물리쳐 주시리라 생각한 것이다. 그러나 뒤늦게 온 사무엘은 왕에게 크게 화를 냈다.

"사무엘이 사울에게 이르되 왕이 망령되이 행하였도다…" (사무엘상 13:13a)

결국 사울은 하나님께 버림받게 되었다.

우리가 신앙생활하면서 이와 비슷한 우를 범한 적은 없는가. 아무리 급하고 어렵고 힘든 일이 있어도 하나님 방법대로 해결해야 한다. 그것은 더딘 것 같더라도 더딘 것이 아니다.

혹시 지금 문제를 안고 있는 사람이 있는가? 그 문제가 지체되거나 지연되고 있다고 생각하는가?

아니다. 하나님 뜻대로 살고 있다면 지연되는 것이 아니라 '되어져 가고' 있는 것이다. 기대하고 기도하면 반드시 이루어 주신다.

섬기는 교회가 부흥하길 누구나 바랄 것이다. 아니, 어느 교회라도 예외없이 반드시 부흥해야 한다. 우리가 할 일은 조급증을 갖지 말고 그저 묵묵히 씨를 뿌려야 한다. 전도의 씨, 기도의 씨, 헌신과 봉사의 씨를 뿌려 영혼 살리는 일에 동참하자. 흐트러지지 않고 집중하면 하나님께서 반드시 길을 열어주실 것이다.

이스라엘은 여리고 성을 정복한 다음 아주 자그마한 아이 성을 정복하러 나아갔다. 그런데 왠일인지 완전히 참패를 당하고 쫓겨 도망 왔다. 충격적인 패배였다.

이제껏 이스라엘은 어떠했는가? 하나님의 기막힌 방법으로 기적의 기적을 경험했다.

하나님은 기적 같은 방법으로 요단강을 건너게 하셨고, 기적 같은 방법으로 여리고 성을 와르르 무너뜨리셨다. 견고했던 여리고 성도 무너졌는데, 그깟 자그마한 아이 성을 정복하는 것은 식은 죽 먹기라고 생각했을 것이다. 그런데 참패를 당했다.

왜 그럴까? 그것은 하나님의 원칙대로, 하나님의 이끄심대로 행동하지 않아서 그랬던 것이다. 우리도 아이 성의 패배 이유를 통해 극복의 지혜를 배우길 원한다.

그렇다면 먼저 아이 성에서 패배한 이유가 무엇일까?

자만심

보기 좋게 여리고도 점령했겠다, 그들은 거침이 없었고 여호수아는 내친김에 벧엘 동쪽의 아이 성으로 사람을 보낸다. 공격하기 전에 몰래 정탐꾼을 보냈다. 그리고 돌아온 정탐꾼들은 여호수아에게 보고한다.

"여호수아에게로 돌아와 그에게 이르되 백성을 다 올라가게 하지 말고 이삼천 명만 올라가서 아이를 치게 하소서 그들은 소수이니 모든 백성을 그리로 보내어 수고롭게 하지 마소서 하므로" (7:3)

정탐꾼들은 아이 성을 얕잡아봤다. 한 삼천 명의 군사만 보내자는 것이다. 굳이 많은 군사를 보내어 힘들게 할 필요가 없다는 것이다.

그리하여 올라간 3천 명의 군사는 완전히 패하여 결국 쫓겨 도망왔다. 이는 여리고 성의 승리로 인해 쓸데없는 교만함이 이들 안에 자리하게 된 것이다.

우리 믿는 자들의 가장 큰 적은 바로 이 교만함이다. 신앙생활을 오래한 성도라면 더 겸손해야 한다. 아는 척, 목에 힘 주어선 안 된다. 자기만 크게 쓰임 받는다고 착각해버리면, 사람에겐 칭찬받을지 몰라도 하나님께 받아야 할 상급은 전혀 없다.

이스라엘 민족의 실질적인 리더는 하나님이시다. 그렇기에 하나님의 뜻대로 움직여야 했지만 그저 전략적인 작전과 상황의 판단만 가지고 전쟁을 감행했다는 데에 큰 문제가 있었던 것이다. 자만심으로 인해 여호수아도, 백성들도 하나님의 음성에 귀 기울지 않았다. 그리고 내가 할 수 있다는 자만감이 패배하게 했다.

세상에 얽히고설킨 문제 중에 특별히 이 문제만큼은 잘 될 것 같다는 생각이 든다면 바로 그때가 자만에 빠지기 쉬운 때이며, 그때 우리는 더욱 기도해야 한다.

월드컵대표팀 감독을 지낸 홍명보 감독은 2002년 월드컵의 잊을 수 없는 축구스타라 할 수 있으며 대표팀에서 든든한 버팀목 역할을 했다. 그런데 독일과 경기를 치르던 날, 시작하자마자 불과 몇 초 만에 골을 빼앗기는 어이없는 실책을 저지르고 말았다.

가장 빨리 실점한 사례로 기네스북에 오를 정도였다. 이것은 무엇을 말하는가? 지나친 자신감은 방심을 불러오고, 방심이 곧 패배로 이어진다는 사실이다.

하나님께 대한 범죄

사실 이것이 직접적인 아이 성 패배의 원인이었고 3천 명 중 일부가 죽임을 당하고 나머지는 쫓겨 오자 여호수아와 백성들은 큰 충격에 빠지게 되었다.

문제 해결의 가장 중요하고 큰 원칙은 내 뜻대로 하지 말고 하나님께 물어보는 것이다. 하나님께 해결할 방법을 묻는 것이 유일한 해결책이자 가장 빠른 길이다. 그래서 기도해야 하는 것이다.

사람들 중에는 길눈이 어두운 사람이 있다. 요즘은 내비게이션이 있어서 웬만한 길은 그냥 안내하는 대로 가면 되지만, 날이 어두워졌는데 낯선 곳을 운전하게 될 경우에는 길을 헤매기 쉽다.

그럴 때 대충 감으로 "이 정도, 여기서 어디쯤 되겠지" 라는 마음은 그 주변만 맴돌며 헤매게 하며 시간을 버리는 경우가 참 많다. 길을 모를 때는 그냥 아는 사람에게 묻는 게 가장 빠른 길이다.

내 인생에 먹구름이 잔뜩 끼어 있고, 어딜 가도 꽉 막혀 있다면 헤매지 말고 기도하라. 그것이 해결책이다.

다행히 여호수아와 장로들은 패배하고 난 후, 하나님께 무릎을 꿇었다. 패배는 슬픈 기억일지 몰라도 끝은 아니다. 여호수아와 장로들은 옷을 찢고 머리에 먼지를 쓴 채 날이 저물도록 하나님께 간구하며 기도했다.

"이르되 슬프도소이다 주 여호와여 어찌하여 이 백성을 인도하여 요단을 건너게 하시고 우리를 아모리 사람의 손에 넘겨 멸망시키려 하셨나이까 우리가 요단 저쪽을 만족하게 여겨 거주하였더면 좋을 뻔하였나이다 주여 이스라엘이 그의 원수들 앞에서 돌아섰으니 내가 무슨 말을 하오리이까"(7:7~8)

여호수아는 두려웠다. 이제껏 이 가나안 족속들은 하나님의 놀라운 기적들을 경험하며 겁먹고 있었는데 작은 아이 성 하나 정복하지 못하고 패배하게 되었으니 이제 여러 족속들은 '아, 이스라엘, 아무것도 아니구나. 하나님도 실수하는 일이 있구나. 여호와 하나님이 이스라엘을 떠났나보다' 하면서 덤벼들 것이라고 생각하고 하나님께 부르짖었다. 부르짖으면 된다. 해결된다. 안개 속에 가려진 내 인생도 기도하면 된다.

한 목사님이 교회를 개척했다. 그런데 참 수줍음도 많고 말주변이 없으신 분이셨다. 그래서 그분의 은사 목사님께서는 늘 그 목사님에 대해 걱정했다.

예상대로 교회를 개척한 지 5년이 지났지만 단 한 사람의 성도도 없이 가족끼리 예배드렸지만 그럼에도 매일 묵묵히 전도하고 기도했다. 은사 목사님은 제자를 애처롭게 바라보며 늘 생각하기를, '이 목사가 오늘 교회를 접을까, 내일 접을까' 했단다.

그러던 어느 날, 은사 목사님에게 전화가 왔다. '아, 이제 올 것이 왔구나. 이제 교회를 접는다고 얘기하겠구나' 생각을 했다고 한다.

그런데 그 개척교회 목사는 갑자기 말도 제대로 잇지 못하면서 "목사님, 오늘 예배에 30명이나 나왔습니다." 하는 것이다.

5년 동안 한 명도 안 오던 그 교회에 갑자기 30명이 웬 말인가.

상황을 물으니, 어느 큰 교회에서 문제가 있어 사람들이 교회를 다 나오게 되었는데, 30여 명 되는 신앙 좋은 성도들이 기도처에 모여서 회의를 했단다.

그리고 그들은 "우리 기도해서 목사님을 모셔오고 교회를 개척하자" 라고 하며 밤낮없이 기도했는데, 어느 순간부터 항상 하루도 빠지지 않고 전도하는 그 목사님이 보이더라는 것이다. 저 정도 열정이면 적어도 양들을 위해 애정으로 기도하고 돌보겠다는 생각을 했다는 것이다.

그래서 새롭게 목사님을 모셔서 교회를 개척하는 것을 포기하고 그 목사님의 교회로 나가기로 결정했고 지금은 하나님께서 복을 주셔서 더 큰 부흥을 이룬 교회로 성장하였다고 한다.

이것이 하나님의 때인 것 같다. 사람의 방법에는 한계가 있다. 우리는 하나님의 방식대로 묵묵히 기다리면 답을 주시고 채워주신다.

하지만 풀리지 않는 문제의 해결에는 분명한 원칙이 있음을 기억하라. 그것은 하나님 안에서 그분의 이끄심으로 해결해 나가는 것이다. 내 고집대로 밀고 나가다 보면 정말 더 힘겨워지고 고통스러워질 때가 많다.

마가복음 9장에는, 귀신들린 아이를 그의 아버지가 예수님께 데려온다. 아버지의 심정이 어떠했겠는가. 아버지는 너무 다급해 먼저 예수님의 제자에게 요청했다. 그런데 고치지 못했다.

분명 예수님께서는 모든 질병과 귀신을 고치는 능력을 제자들에게 주셨는데 말이다. 그러나 고치지 못했다.

이것은 무엇을 의미할까? 하나님께서는 우리에게 세상 속 여러 가지 일을 해결할 능력을 주셨으나 정작 해결을 못한다는 것이다. 마치 소나기가 쏟아져 내리는 상황에서 분명 내 손엔 큼지막한 파라솔 같은 우산이 있는데도 우산을 펼치지 못하고 비를 맞고 있는 것과 같다.

얼른 우산을 펼쳐 들면 되는데 그런 노력조차 하지 않으려 한다. 예수님께서는 그 아이를 괴롭히는 귀신을 떠나가게 하셨다. 그러자 제자들이 예수님께 다가와 묻는다.

"예수님, 왜 우리는 그 귀신을 떠나가게 하지 못합니까?"

그러자 예수님은 "이르시되 기도 외에 다른 것으로는 이런 종류가 나갈 수 없느니라 하시니라"고 대답하셨다.

기도가 없어서 그렇다는 것이다. 기도 밖에는 문제 해결을 받을 수 없다는 말이다.

여호수아와 장로들이 옷을 찢으며 얼굴에 재를 바르며 울부짖을 때, 하나님께서는 그 패배의 이유가 무엇인지 말씀해주셨다.

"이스라엘이 범죄하여 내가 그들에게 명령한 나의 언약을 어겼으며 또한 그들이 온전히 바친 물건을 가져가고 도둑질하며 속이고 그것을 그들의 물건들 가운데에 두었느니라"(7:11)

이스라엘의 범죄 때문에 패배하게 되었다는 것이다. 3천 명이면 넉넉히 군사들을 보낸 것이었지만, 그래서 승산 있는 싸움이었지만, 하나님께서 막으시니 될 리가 없다. 승리할 리가 없다.
될 것 같은 일도 제대로 되지 않는 이유는 하나님이 원하지 않은 일을 했기 때문이다.
그러나 여호수아와 장로들이 진정성을 담은 기도를 드리자 하나님께서 패배 이유와 더불어 해결책을 제시해 주셨다.

"너는 일어나서 백성을 거룩하게 하여 이르기를 너희는 내일을 위하여 스스로 거룩하게 하라 이스라엘의 하나님 여호와의 말씀에 이스라엘아 너희 가운데에 온전히 바친 물건이 있나니 너희가 그 온전히 바친 물건을 너희 가운데에서 제하기까지는 네 원수들 앞에 능히 맞서지 못하리라"(7:13)

하나님께서는 '스스로 거룩하게 하라. 백성을 깨끗하게 하라. 부정한 것을 치워라. 그래야만 아이 성을 정복할 수 있다'고 처방을 내리신다.
결국 될 것 같지만 안 되는 것은 내 안에 부정한 것들, 죄 된 일이 있어서 그런 것이었다.

안 되는 이유가 결국 내 안에 있다는 것이다. 내 안에 부정한 것, 죄 된 일들이 숨어 있으면 될 것 같아도 되지 않는다. 이럴 때 해결 방법은 그 죄악을 제거하는 길밖엔 없다.

내가 열심히 기도했는데도 마음에 기쁨이 없고 문제해결도 되지 않는다면 나를 살펴보라.

아직 사함받지 못한 죄의 그늘이 내게 있는지 없는지 가슴속에 진정성을 담아 회개해보라. 내안에 악함이 제거되지 않았는데 응답받는 기도는 될 수 없다.

아이성 패배 이후 하나님은 그 악을 제거하기 위해 심판의 칼을 드셨다. 직접 이스라엘의 죄악을 제거하신 것이다.

하나님은 범죄 한 죄인을 간접적인 방법으로, 즉 일종의 제비뽑기의 형태로 뽑아 가려내신다.

그 내용이 14~18절까지의 내용인데 하나님은 직접적으로 "아간, 너 때문이다. 네가 전리품을 슬쩍 훔쳐서 그렇다. 모두 저 아간을 처단하라" 이렇게 말씀하시지 않으셨다.

하나님은 이스라엘의 많은 백성을 지파별로 줄을 세워 나오게 하셨다. 지파별로 정렬해 있던 이스라엘 백성들은 모두 어느 지파 때문에 패배했는지 두근두근 했을 것이다.

유다 지파가 뽑혔다. 그러자 유다 지파 사람들은 더 긴장했을 것이고, 나머지는 안도의 한숨을 쉬었을 것이다.

그리고 좁혀 들어간다. 하나님은 유다 지파를 가문별로 나누어 줄을 서라고 말씀하셨다. 이제 가문별로 나누어 줄을 섰다.

그 가운데 세라 가문이 뽑히게 었고 세라 가문은 앞으로 나왔다.

아마도 초긴장 상태가 지속되었을 것이다.

하나님은 세라 가문 중에서 장정들을 나오게 하셨고 그중에 삽디가 뽑혔다. 그리고 삽디의 손자이자 갈미의 아들인 아간이 뽑히게 되었다.

이것은 마치 TV 퀴즈쇼처럼 100명이 참가자 중 '맞다고 생각하는 사람, 오른편에 서십시오' 그러면 한 50명이 오른편에 서고 나머지는 왼편에 서고, 그래서 정답을 말하면 맞춘 사람은 환호하고, 틀린 사람은 뒤로 빠지며 그렇게 하여 마지막 남은 한 사람이 우승하게 되는 식의 방식이었다.

그런데 이것이 한 100명쯤이면 그나마 수월하겠지만, 무려 이스라엘 백성 200만 명이나 되는 사람들을 일렬로 줄을 세워 지파에서 가문으로, 가문에서 친족까지 좁혀지는 데는 꽤 많은 시간이 걸렸을 것이다.

하나님께서 이렇게 간접적으로 좁히고 좁혀서 아간을 뽑아내신 이유는, 이렇게 하심으로 이스라엘의 죄악의 심각성을 알리고, 죄의 긴장성을 유지하게 하시고자 하셨기 때문이다. 결국 아간과 그의 일족은 아골 골짜기로 올라가 처형당한다.

다시 한 번 이야기한다. 문제 해결의 모든 원칙은 하나님께 있다. 그리고 이 세상의 모든 문제 해결의 법칙은 내 속의 사악한 것을 제거하는 것에서 시작된다. 1907년 평양 대부흥 운동, 그 폭발적인 부흥의 시작은 한 장로의 공개 회개에서 비롯되었다.

처음엔 사경회가 시작되었는데도 너무 냉랭했다. 모두들 그 이유가 무엇일까 생각하던 중 한 장로가 갑자기 나아와 폭포수 같은 눈물을 쏟으며 회개했다.

"저는 아간과 같은 죄인입니다. 내 친한 친구가 죽었을 때, 자기 아내와 가족들의 재산을 잘 처리해달라고 부탁했는데 그 가운데 일부를 훔쳤습니다."

내가 죽을 죄인이라는 그 회개로 인해 자기 안에 있던 사악한 죄악의 찌꺼기들이 쏟아져 나왔고 그로 인해 온통 회개의 역사가 일어났다. 부흥은 그렇게 온 평양과 전국을 떠들썩하게 만들었다.

내 속의 죄악이 문제 해결을 어렵게 하고 더디게 하고 실패하게 한다. 하나님께 아뢰길 바란다.

아이 성 패배의 원인은 무엇이었는가. 하나님께 대한 범죄와 자만심 때문이었다. 왜 될 것 같은 일도 되지 않는가? 그것은 하나님의 원칙대로, 하나님의 이끄심대로 행동하지 않아서 그렇다.

신앙생활을 하며 하나님께 떳떳하지 못한 일이 있다면 회개하자. 그래야 일이 풀린다.

하나님께서 아간의 죄를 처단하셨던 것처럼 내 안의 죄악을 제거하고 처단하자. 그래야 모든 것이 해결되고 풀리게 된다.

3장 소망품고 달리기 *(Start dash)*

"우리는 소망을 품고 달려야 한다.
진정한 소망이 무엇인가? 예수 그리스도의 복음이다.
믿고 뛰어라."

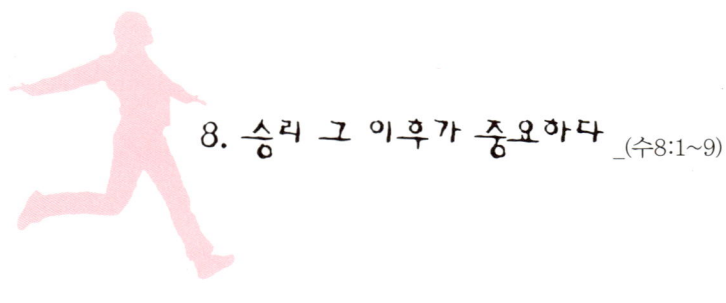

8. 승리 그 이후가 중요하다 _(수8:1~9)

안양 평촌 새중앙교회에서 사역하시는 전도사님에 관한 이야기이다. 평촌 새중앙교회는 출석 성도만 2만 명 가까이 되는 대형 교회로 전도사님은 교회 개척 때부터 사역해 오셨던 교회 역사의 산 증인이었다.

교회 담임목사님이 '우리 평촌 새중앙교회 부흥은 저 전도사님이 다 일구었다'라고 말씀하실 정도이니 말이다.

한번은 그 전도사님에게 지난 30년간의 교회 전도사역에 대해 들은 적이 있다. 전도사님은 수년 간 하루도 전도를 쉬어본 적 없었고, 너무 미련스럽게 전도만 하러 다녀서 다리는 다 갈라지고, 얼굴엔 기미가 끼고, 힘들어 병나기도 여러 차례, 게다가 체력이 받쳐주지 않아 하혈한 적이 한두 번이 아니었다고 말씀하시더라.

그런데 얼마나 겸손하신지, 모든 순간순간 하나님의 은혜를 말씀하시는데 정말 듣는 내가 부끄러울 정도였다.

당신은 복음의 가치가 어느 정도라고 생각하는가? 송명희 시인의 시처럼 '예수, 그 이름, 그 풍부함을 표현 못해서 비밀이 되었네'라고 고백할 수 있는가?

  복음의 가치는 측량할 수 없다. 생명을 살리는 것인 데도 돈의 가치로 매길 수 없는 이 복음은 영원히 사는 영생이다. 사람이 다시 살아나게 하는 힘과 권세, 그것이 이 복음 안에 있다.

  중국 어느 지역에 주지스님을 비롯한 300명의 스님이 있는 큰 절과 그런 절을 놓고 기도하는 성공회 선교사가 있었다.

  선교사는 몸부림치며 전도를 시작했고 기도하며 스님을 만나기를 여러 해, 결국 그곳 주지스님이 예수 앞에 무릎 꿇는 역사가 일어났다. 그리고 그 스님이 모든 것을 청산하고 예수님을 믿기로 결심하자 한 명, 두 명, 스님들은 예수님을 믿게 되었고 변화되기 시작했다. 결국 300명의 스님이 있는 큰 절이 지금은 신학교로 바뀌었다고 한다.

  한 선교사의 몸부림으로 300명의 스님들이 변화 받았는데, 이 땅의 교회 부흥이 되지 않을 이유는 없다.

  오늘 말씀에는 이스라엘이 첫 번째 아이 성 진격에 패하고, 아간의 범죄와 그 죄를 제거한 이후, 하나님의 이끄심으로 아이 성을 정복하는 과정이 나와 있다.

  그 과정을 잠시 살펴보면, 먼저 하나님은 3만 명의 군사들로 하여금 밤에 아이 성 근처에 매복하라 명령하셨다. 서쪽 벧엘과 아이 사이에 군사들을 매복시키는데 벧엘은 예루살렘 북쪽에서 약 19km 지점에 위치한 곳이다. 벧엘은 아브라함과 야곱이 각기 하나님께 단을 쌓은 유서 깊은 곳이기도 한데, 군사들은 먼저 아이 성 가까이에 매복하고 나머지 군대는 여호수아를 따라 아이 성으로 진격하다가 그들 앞에서 패한 듯 도망갔다. 유인작전을 펼치는 것이었다.

그렇게 해서 아이 성의 무장한 군사들을 밖으로 유인해내고 아이 성의 군사들이 다 빠져나간 틈을 노려 매복한 군사들이 아이 성을 치는 전략이었다.

"여호수아와 온 이스라엘이 그들 앞에서 거짓으로 패한 척하여 광야 길로 도망하매 그 성읍에 있는 모든 백성이 그들을 추격하려고 모여 여호수아를 추격하며 유인함을 받아 아이 성읍을 멀리 떠나니 아이와 벧엘에 이스라엘을 따라가지 아니한 자가 하나도 없으며 성문을 열어 놓고 이스라엘을 추격하였더라"(8:15~17)

아이 성 사람들이 얼마나 방심했는지 '아이와 벧엘 사이에 이스라엘을 따라가지 아니한 자가 하나도 없으며 아예 성문을 열어 놓았다'고 기록하고 있다.

하나님은 이때를 놓치지 않으셨다. 하나님은 여호수아와 백성들이 도망할 때 매복병은 성읍을 점령하라고 명령하셨다.

"너희는 매복한 곳에서 일어나 그 성읍을 점령하라 너희 하나님 여호와께서 그 성읍을 너희 손에 주시리라"(8:7)

전쟁의 모든 것이 하나님의 이끄심대로 되었다. 그리고 점령한 이후에도 이스라엘 백성들은 하나님의 명령대로 행동했다. 오직 하나님 뜻대로, 말씀대로 믿고 실천하고 행동하면 우리는 승리한다.

여호수아가 단창을 들어서 그 성읍을 가리키자, 매복했던 군사들이 자리에서 급히 일어나 성읍으로 달려 들어가 바로 그 성읍에 불을 질렀다. 그리고 하나님께서는 아이 성의 모든 군사들과 백성들을 진퇴양란의 상태에 빠지게 하셨다.

"아이 사람이 뒤를 돌아본즉 그 성읍에 연기가 하늘에 닿은 것이 보이니 이 길로도 저 길로도 도망할 수 없이 되었고 광야로 도망하던 이스라엘 백성은 그 추격하던 자에게로 돌아섰더라" (8:20)

결국 아이 성의 왕은 사로잡히고 그 성 사람들은 모두 다 죽임을 당했다. 그런데 중요한 것은 아이 성 정복의 전쟁 과정이 아니다.
그 안에서 역사하시는 하나님은 어떤 분이신가, 또한 우리의 현실 가운데 오늘 말씀이 어떤 교훈을 주는가, 어떻게 살아가야 하는가, 그것이 중요하다.
우리는 이 전쟁을 통해 하나님께서 전쟁 위에, 그리고 우리 삶 속의 환란이나 시험 중에 어떻게 역사하시는지를 발견하면 된다.

다시 일어서게 하시는 분

우리도 실패를 하면 좌절하고 슬퍼한다. 그리고 다시 극복해 낼 수 있을지 두려워한다. 큰 실패에 빠지면 더더욱 그렇다. 그러나 중요한 것은 실패의 쓴맛을 맛본 것이 아니라 다시 일어서는 것이다.
전설적인 권투선수 홍수환의 4전 5기, 기억하는가? 홍수환 선수는 상대선수에 의해 네 번이나 다운되었지만, 다섯 번째 다시 일어나서 상대편을 KO 시켰다.

하나님은 고작 한 번의 실패 가지고 어깨 축 처져 두려움에 빠져 있는 이스라엘 백성들에게 여러 차례 '두려워하지 말고 나아가라' 말씀하셨다. 그리고 그 약속은 계속해서 반복된다.

"여호와께서 여호수아에게 이르시되 두려워하지 말라 놀라지 말라 군사를 다 거느리고 일어나 아이로 올라가라…"(8:1a)

"…여호와께서 그 성읍을 너희 손에 주시리라"(8:7b)

"여호와께서 여호수아에게 이르시되 네 손에 잡은 단창을 들어 아이를 가리키라 내가 이 성읍을 네 손에 넘겨주리라…"(8:18a)

다시 일어서게 하는 힘은 하나님께로부터 나옴을 기억하라. 하나님께서 된다고 하시면 된다는 것을 믿기를 바란다.

이스라엘 백성들은 사기가 떨어지고 두려움에 싸여 있었지만, 하나님의 계획대로 나아갔을 때 승리하게 되었다.

우리도 쓰러질 수 있다. 패배할 수 있다. 그리고 내 뜻대로 안 될 수 있다. 그렇다고 해서 그냥 주저앉아 방향을 잃어버린 자가 되지 말고, 이 약속의 말씀을 믿고 나가면 된다. 툭툭 털고 다시 시작하면 된다.

우리가 분명히 기억할 것은 하나님께서 단순히 '괜찮아. 걱정마. 내가 승리하게 해줄 테니 일어서라'고 말로만 위로하시는 것이 아니라, 구체적인 전략과 전술을 가지고 이스라엘 백성들을 지휘하고 계신다는 점이다.

전략, 그것은 사전적으로 전쟁 또는 전투 상황에 대처하기 위한 기술과 방법이며 전술은 전쟁을 전반적으로 이끌어 가는 방법과 책략이다.

또한 하나님은 전략과 전술의 하나님이시다. 하나님께서 이스라엘 백성들을 승리로 이끌어주셨던 것처럼 오늘날 나와 여러분의 소소한 일상 문제까지도 하나님의 전략과 전술로 이끌어 주셔서 반드시 승리하게 하심을 믿길 바란다.

세상은 영적 전쟁터이다. 갖가지 방법과 계략으로 내게 치고 들어온다. 자신의 방법에 갇혀 머리를 쥐어짜며 계산하지 말고 하나님께 집중하라. 거기에 답이 있다.

"너는 여리고와 그 왕에게 행한 것같이 아이와 그 왕에게 행하되 오직 거기서 탈취할 물건과 가축은 스스로 가지라 너는 아이 성 뒤에 복병을 둘지니라 하시니" (8:2)

하나님은 매복의 능력을 키우길 원하신다. 그래서 아이 성 근처에 복병을 두라 말씀하셨다.

여기서 복병이란 매복을 말하며 몰래 숨어 있는 전략이다. 하나님께서는 군사를 매복시켜 허를 찌르는 공격을 감행하셨다.

매복은 드러내지 않고 숨는 것이다. 숨어 있다는 것은 힘이 없고 영향력이 없는 게 아닌데, 우리는 자꾸 드러내기를 좋아한다. 드러내지 않아서 나를 깔본다고, 약하게 보고 무시한다고 생각한다. 그래서 더 드러낸다.

우리는 신앙생활을 할 때 이런 매복의 능력을 키워야 한다. 가장 무서운 사람은 자신의 감정을 드러내지 않는 사람이다.

아직도 전두환 일가의 은닉 재산을 찾고 있다고 하는데 많은 사람들이 이 기사를 보며 분통을 터트렸다. '전 재산이 29만원이다' 하면서 국민을 우롱하더니 비밀 차명계좌는 무려 3만 개에다, 의심되는 부동산이 100건 이상이 된다는 것이다.

우리나라 마지막 독재자라 평하고 있는 전두환은 정말 매복의 능력이 대단한 사람이다. 우리는 숨기는 것이 아니라 참된 것, 가치 있는 것을 속으로 절약해두어서 필요할 때 꺼내 쓰자.

어떤 상황에, 속에 있는 것을 다 털어내는 것도 모자라 없는 얘기까지 지어내어 부풀리고 과장한다면 다들 그 말에 상처받고 교회를 떠나간다.

이는 안 될 일이다. 만약에 드러내는 게 10%라면 90%는 마음 속에 매복시켜두라.

북극이나 남극엔 얼음이 바다에 떠 있다. 그러나 사실 눈에 보이는 것은 얼마 되지 않는다. 바다에 감춰진 얼음의 실제 크기는 드러난 것의 거의 몇 배 이상이다.

드러내지 말고, 숨겨진 힘을 발휘하라.

하나님의 지혜로 승리하게 하시는 분

여리고와 아이 성 정복의 다른 점은 기적적 방법의 승리와 현실적인 전략의 승리로 나누어 볼 수 있다.

만나를 먹고, 메추라기를 먹고, 기괴한 방법으로 요단을 건너 여리고를 무너뜨린 기적은 우리 삶의 본질이 아니다.

그게 본질이라면 우리에게 보편적인 현실의 삶을 주실 이유가 없으셨을 것이다. 하나님의 초월적인 기적은 삶 속의 극단적인, 극히 단편적인 과정이다.

하나님이 진정으로 원하시는 것은 현실에서 실력을 갖추고 전략을 짜서 하나님의 지혜로 승리하는 것이다.

가나안에 와서는 더 이상 만나가 떨어지지 않았고, 이스라엘 백성들은 그해 그 땅에서 자란 농작물을 먹었다. 이것은 현실로의 복귀를 의미한다. 현실 속의 실력으로 이룬 승리를 말한다.

초대교회 당시, 기적이 불같이 일어나자 7명의 집사를 세워서 교회 일을 감당하게 했다. 왜 그랬는가?

하나님은 성령의 기적적인 역사보다는 이제 현실적인 교회, 세상 속의 교회로 자리매김하길 원하신 것이다. 하나님은 능력의 하나님이시다. 권능의 하나님이시다.

그의 손길와 입김으로 모든 것을 일시에 무너뜨릴 수도 있고, 멸하실 수도 있는 분이시다. 또한 초월적으로 놀랍게 회복시키실 수 있는 하나님이시다.

그래서 성경은 하나님을 전지전능(全知全能)하시고, 무소부재(無所不在)하신 하나님이시라고 말한다. 모든 걸 아시고 모든 것에 능하시며 그 어느 곳에도 안 계신 곳이 없으신 그런 하나님이시다.

기적이나 요행을 바라지 말고 내 삶 속에서 하나님의 지혜로 승리하길 바란다.

스스로 하게 하시는 분

한국의 모든 영화흥행기록을 갈아치우며 1700만 이상의 관객을 동원한 〈명량〉이란 영화가 있다. 이순신 장군의 명량해전을 그린 영화이다. 실제로 우리 역사에 이순신과 같이 전략과 전술에 능한 장군이 또 있을까 하는 생각이 든다.

TV쇼에서 이순신 장군이 왜적과 싸울 때 어떻게 23전 23승 전승을 하게 되었는지 이야기를 하는데 나는 무릎을 칠 수 밖에 없었다.

조선이 모든 것에 열악하였는데도 어떻게 이순신 장군은 왜적과의 23번의 전쟁에서 단 한번도 지지 않았을까?

원리는 간단했다. 이순신 장군의 백전백승 비결 첫째는 질것 같으면 아예 나가지 않는 것. 그것이 우매한 걸까?

아니다. 이순신 장군에게는 정확한 예측이 있었다는 것이며 정확한 예측은 계속된 연구와 실험, 경험하는 과정 속에서 나오는 것이었다.

에디슨이 전구를 발명했을때 전구에 대한 아이디어가 떠오르기까지 불과 3분정도 밖에 안 되었다고 한다.

그런데 실제로 전구에 불이 들어오는 발명품을 만들기까지, 계속된 실패를 거듭해서 마지막 불이 들어오기까지 7년의 세월이 걸렸다. 아인슈타인의 상대성이론도 그에 대한 생각은 불과 몇 초였다. 그런데 그 이론을 정립하기위해, 15년의 시간이 걸렸다.

이순신 장군의 백전백승 비결 두 번째는 싸움에 이길 때까지 준비하고 나갔다는 것이다.

대표적인 승리의 해전이 명량해전인데, 거의 하루 종일 바닷가에 나가 해류, 물의 움직임을 파악하고, 바람과 환경을 분석했다.

당시 왜군의 무기는 소총이었다. 화력이 약했지만 원거리까지 총알이 날아올 수 있는 무기이다. 그에 비해 조선에는 대포가 있었다.

대포는 화력이 강했지만 원거리 싸움은 불가능했고 근접거리에서 밖에 싸울 수가 없었다. 그렇다보니 전술적으로 바닷가의 해류나 물의 움직임 등을 잘 파악해서 요리저리 피해 다닌 것이다.

일본의 소총 총알이 다 떨어질 때까지, 그리고 총이 다 떨어졌을 때 근접해서 대포를 쏘았다.

우리도 마찬가지이다. 우리는 목적을 앞에 두고 가만히 서 있는 것이 아니라 스스로 움직여야 한다.

성숙한 자는 스스로 한다. 하나님은 성숙해지길 원하시고, 스스로 하길 원하신다.

이왕 기적 같은 방법으로 여리고를 무너지게 하실 것 같았으면 그냥 말씀 하나로 '여리고여, 무너질지어다' 하시면 될 일을, 힘들게 강을 건너게 하시고 남자들은 할례를 받게 하시고, 또 매일 성을 돌게 하시고, 마지막에는 일곱 번 돌고 소리치게 하셨다. 성 주변을 일곱 번 도는 건 엄청난 노동이다.

어차피 무너뜨릴 것인데 왜 이런 힘든 노동을 하게 하셨을까? 하나님은 모든 것을 당신의 뜻대로 행하시되 그것을 이룸에 있어서는 우리가 스스로 준비하길 원하셨던 것이다.

"그들에게 명령하여 이르되 너희는 성읍 뒤로 가서 성읍을 향하여 매복하되 그 성읍에서 너무 멀리 하지 말고 다 스스로 준비하라" (8:4)

그렇다면 우리들의 교회는 누가 세워 가는가? 우리 스스로가 세워가는 것이며 우리가 노력해서 부흥시켜나가는 것이다.

누가 하는가. 우리가 해야 한다. 우리는 스스로 기도하고, 스스로 말씀대로 살아가고, 스스로 헌신과 봉사하며, 스스로 비전을 붙들고 나아가야 한다.

다른 어느 누구도 아닌 우리가 해야 한다. 스스로 노력하고 열심히 행할 때 하나님은 채워주시고 승리하게 하신다.

그러나 승리 이후가 더 중요하다. 하나님께서 내게 큰 승리를 주셨다면, 하나님께서 내가 믿지 못할 정도의 큰 은혜를 주셨다면 '하나님, 감사합니다.' 이것이 끝인가? 내가 그렇게 소망했던 기도 응답을 받았는데 이젠 기도를 멈춰야 할까?

아니다. 승리는 결코 끝이 아니다. 승리를 주신 것 역시 내 신앙의 진행 과정 속에 있는 것이다.

세상의 크고 작은 영적 전쟁에서 승리했다면, 승리한 그 이후에 '내가 어떻게 하나님께 더 기쁨으로 나아갈지, 어떤 신앙의 노력을 기울여야 할지 더 섬세하게 생각하고 행동해야 한다.

이 세상에서의 승리는 영원하지 않다. 그러나 사람들은 영원할 것이라 생각한다. 내가 하나님을 의지하여 문제를 해결을 받고 걱정, 근심이 사라졌다 해도 또 다른 문제들이 터지고, 또 다른 어려움이 터진다.

이스라엘 백성은 두 번째 공격을 통해 비로소 아이 성 정복에 승리했다. 그런데 이스라엘 백성들은 기쁨에 들뜨기보다, 승리의 축배를 들기보다 먼저 하나님께 제사를 드리고, 말씀을 낭독하였다. 승리의 기쁨보다 하나님께 대한 감사가 먼저이다.

모든 아이 성 정복전쟁이 끝나자 여호수아가 에발 산에 제단을 쌓았다. 그리고 번제물과 화목제물을 올려놓고 제사를 드리고 쇠 연장으로 전혀 다듬지 않은 새 돌을 놓고 제사를 드렸다고 한다.

하나님은 인공적으로 멋지게 꾸미기보다 수수한 돌이라 할지라도 거기에 담겨진 정성의 제사를 원하신다.

이어서 여호수아는 모세가 기록한 율법을 이스라엘 자손들이 보는 앞에서 돌에 기록하였다. 그 광경을 이스라엘의 백성, 장로, 관리, 재판장은 물론 이방인까지 언약궤의 좌우에 서서, 반은 에발 산에서, 반은 그리심 산 앞에서 지켜보았다.

이것은 예전에 모세가 이스라엘 백성들에게 명령했던 것을 그대로 행한 것이었다.

그 이후에 여호수아가 율법책에 기록된 모든 것대로 축복과 저주의 율법을 모두 낭독하였고 낭독한 율법의 모든 말씀을 모든 사람, 곧 온 이스라엘 사람, 여자와 아이들, 심지어 함께 동거하는 거류민들까지도 들었다. 다시 말해 하나님의 살아 있는 말씀이 미치는 곳은 '모든 사람들'이다.

"그후에 여호수아가 율법책에 기록된 모든 것대로 축복과 저주하는 율법의 모든 말씀을 낭독하였으니 모세가 명령한 것은 여호수아가 이스라엘 온 회중과 여자들과 아이와 그들 중에 동행하는 거류민들 앞에서 낭독하지 아니한 말이 하나도 없었더라" (8:34~35)

하나님은 우리 삶의 전쟁 가운데 진두지휘하시는 분임을 믿기 바란다. 역사하시는 하나님만 믿고 따를 때 우리는 승리할 수 있다.

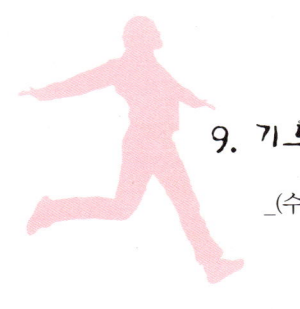

9. 기도는 영적 소통이다
_(수9:1~9)

　각국의 대통령은 종종 해외 순방을 한다. 그리고 한 국가의 대통령이 한 나라를 방문해 조약을 맺을 때, 비록 그것은 두 사람의 사인으로 체결되지만 이는 국가적인, 공적인 일이 된다. 대통령은 국가와 국민을 대표하고, 그 영향력은 모든 국민에게 미치기 때문이다.

　우물가의 여인은 예수님이 참 진리라는 사실과 메시야라는 것을 알았다. 그리고 그 여인 한 사람으로 그곳 마을 사람들이 예수님을 알고, 변화 받았다.

　요나의 전도로 니느웨와 그 나라 모든 국민은 집단적으로 하나님께 회개했다. 요나 한 사람이 외치지 않았다면 전 국민은 멸망의 길로 빠졌을 것이다. 그런가 하면 아간의 범죄 때문에 전 이스라엘은 졸전의 패배를 경험하게 되었다.

　이렇듯 한 사람이 중요하다. 한 사람의 결심과 각오가 많은 사람들에게 영향을 준다.

교회는 어떤 곳이어야 하는가. 영혼의 문제에 있어서는 다수가 중심이 되어 나아가는 곳은 교회가 아니다. 보통 세상에서는 어떤 일에 있어서 9명이 찬성하고 1명이 반대하면 9명 다수의 뜻대로 처리가 되겠지만 교회는 그런 곳이 아니다. '9명이 구원받고 1명이 구원에서 제외되었다', 이건 말이 안 된다.

교회에 발을 들인 이상, 단 한 사람도 예외 없이 구원의 대열에 합류해야 하며 부단히 노력해야 한다. 한 사람이 중요하다. 내 가치를 높여서 그 한 사람의 가치를 극대화시켜 나가자.

이쯤에서 우리가 한 번 깊이 생각해 봐야할 것이 있다. 그것은 하나님께서 왜 가나안 족속과 피비린내 나는 전쟁을 하게 하신 걸까 하는 것이다.

왜 굳이 남의 땅을 침략해서 그 땅 거주민들을 다 진멸하고, 그곳에 새로운 하나님의 나라를 건설하려 하시는 걸까? 만약 우리가 조금 편협하게 생각한다면 자칫 인본주의에 치우칠 우려가 있다.

'하나님은 인정사정 없으신 분인가? 하나님은 생명을 가볍게 생각하시는 잔인한 하나님이 아닌가?' 라는 생각을 할 수도 있다. 그러나 이를 하나님의 공의의 측면에서 본다면 우리의 이성으로도 조금은 이해 가능한 일이다.

하나님이 가나안을 이스라엘 민족에게 주신 이유에는 타락과 우상 숭배가 극에 달해 있던 가나안의 족속을 심판하시기 위함도 포함되어 있다. 가나안 편에서 볼 때, 심판의 도구로 이스라엘을 선택하신 것이다.

반면 이스라엘에게는 세대에 걸친 가나안 전쟁을 통해 더 강인한,

더 근성 있는, 더 야성 있는 민족으로 훈련 받고 연단 받는 계기도 된다는 것이며 분명한 것은 하나님은 어떠한 악도 허용하지 않으시는 분이시라는 것이다.

그러나 우리는 모두 본성상 악함을 가지고 있다. 악을 행하는 것은 놀랄 만한 전염성을 가지고 있어서 그 전염이 확대됨에 따라 더욱더 강해지고, 더욱더 타락된 악으로 변질되어 간다.

성경을 봐도, 하나님은 인간의 타락이 하나님의 인내가 허용하는 범위를 넘어섯을 때, 예외 없이 심판을 택하셨다.

"여호와께서 사람의 죄악이 세상에 가득함과 그의 마음으로 생각하는 모든 계획이 항상 악할 뿐임을 보시고 땅 위에 사람 지으셨음을 한탄하사 마음에 근심하시고 이르시되 내가 창조한 사람을 내가 지면에서 쓸어버리되 사람으로부터 가축과 기는 것과 공중의 새까지 그리하리니 이는 내가 그것들을 지었음을 한탄함이니라 하시니라"(창세기 6:5~7)

하나님께서 노아 시대에 물로 심판하셨던 때의 상황이다. 하나님께서는 세상에 죄악이 가득하고, 사람이 그 마음으로 생각하는 계획이 악함을 보셨다.

그래서 성경은 하나님께서 인간과 똑같은 정서로 '한탄하사 마음에 근심하셨다'고 그 마음을 표현한다. 그리고 하나님은 물로 세상을 쓸어버리셨다.

만일 당시에 물로 휩쓸려가는 장면과 죽음 속에, 두려움 속에 아우성치는 사람들의 모습을 목도했다면 하나님에 대한 잔상은 아마도 '잔혹함'이었을 것이다.

우리가 인본주의에 갇혀 생각하다보면 '하나님이 그렇게 밖에 하실 수 없으셨나?'라고 생각할 수 있다.

그러나 그런 생각보다 더 우위에 있는 것이 하나님의 작정이요, 하나님의 정의와 공의이다. 하나님께서 심판하시고자 하는 의지와 행동을 인간적인 심상으로, 인간적인 감정으로 판단할 수 없다는 말이다.

소돔과 고모라를 불과 유황으로 심판하신 것도 하나님의 공의의 심판이었다. '아간의 범죄, 겨우 전리품을 절도한 사건 하나 때문에 아간과 그의 일족을 멸한 것은 너무 하신 거 아닌가?'라는 생각이 들기도 한다.

하지만 분명한 사실은 우리가 가지고 있는 지적인 능력으로 하나님을 판단할 수는 없다는 사실이다.

광활하고 끝없는 하나님을 내 생각의 한계에 가둬놓고 본다는 것 자체가 모순이다.

그것은 겨우 150킬로 이내의 몸무게를 잴 수 있는 저울로 수억만 톤의 무게를 재보려는 것과 똑같다. 인간이 판단하기엔 하나님의 신적 권능은 더 크고, 더 위대하고, 더 넓다는 말이다.

그래서 가나안 정복은 하나님께서 이스라엘에게 젖과 꿀이 흐르는 낭만적인 땅을 선사하기 위함이 아니라, 죄악과 우상숭배와 살인과 간음의 죄를 심판하심으로 하나님의 공의를 실현하시기 위함이 더 앞서 있었다는 것을 분명히 기억하길 바란다.

사람은 한 번 좌절을 겪고 실패의 쓴맛을 경험하면, 다시는 그와 같은 경험을 하지 않을 것처럼 생각한다. 그리고 '다음번엔 절대 무너지지 않으리라'고 생각한다.

만약 당신이 사업을 했는데 망했다가 다시 재기했다. 그래서 이번에는 기필코 성공하리라 다짐한다. 처음보다 시행착오는 줄어들었을지 모르지만 또 망할 수 있다. 그럴 수 있는 게 인간이다.

그렇기에 여기서 중요한 것은 또 다시 오뚝이처럼 일어서는 것이다. 실패를 하면 할수록 더 실수하지 않게 된다. 성공에 더욱 가까워진다.

이스라엘은 큰 성읍 여리고를 무너뜨렸지만 아이 성에서 패배하여 좌절에 빠졌다. 그리고 아간의 악을 제거한 뒤에는 아이 성에서 승리했다.

그들은 '이제 정말 하나님 뜻대로 살리라' 하면서 기쁨의 축배를 들기 전에 하나님께 감사의 제사를 드리고 정말로 모범적인 믿음의 후손답게 행동하려 했다.

그렇다면 앞으로는 절대 실패하지 말아야 할 텐데, 또 실패했다. 기브온 족속의 잔꾀에 속아 또 넘어진다. 또 실패의 쓴잔을 마시게 된 것이다.

왜 이런 현상이 일어날까? 우리는 하나님 중심으로 살아가지 않다 보면, 또 하나님의 이끄심에 대한 경험 없이 살아가다 보면, 생각지 않은 일로 인해 무릎 꿇기도 하고, 속아 넘어갈 것 같지 않은 어설픈 잔꾀에도 속아 넘어간다는 것이다.

가나안에는 모두 일곱 족속이 성읍을 형성하여 살고 있었다. 그리고 가나안의 여러 족속들은 이스라엘이 아이 성까지 정복했다는 사실을 듣고 어떻게 해서든지 멸망당하지 않기 위해 서로 동맹을 맺어 이스라엘을 진멸하려 안간힘을 쓴다.

"이 일 후에 요단 서쪽 산지와 평지와 레바논 앞 대해 연안에 있는 헷 사람과 아모리 사람과 가나안 사람과 브리스 사람과 히위 사람과 여부스 사람의 모든 왕들이 이 일을 듣고 모여서 일심으로 여호수아와 이스라엘에 맞서서 싸우려 하더라" (9:1~2)

당시 헷 사람, 아모리 사람, 가나안 사람, 브리스 사람, 히위 사람, 여부스 사람의 모든 왕들이 여호수아와 이스라엘에 맞서 싸우려 결사항전을 다짐한다.

그런데 기브온 족속은 좀 달랐다. 일찌감치 이스라엘과는 싸워도 이길 승산이 없음을 알고, 화친하는 쪽으로 마음을 정하게 되었다. 이 화친조약, 평화조약은 일종의 보증서와도 같다.

혹시 보증서 보았는가? 보증 선다는 게 어떤 의미인가? 만약 빚 갚지 못하면 내가 그 책임을 다 떠안겠다는 뜻이다.

하나님은 여호수아와 이스라엘 백성들에게 가나안 족속들과는 절대 '화친하지 말라'고 명령하셨다. 그것은 가나안의 죄악을 완전히 끊어내시기 위해, 하나님의 공의로 심판하시기로 작정하셨기 때문이었다.

그런데 이스라엘 백성들은 기브온 족속의 얄팍한 꾀에 속아서 화친조약을 맺게 되었다. 그렇다면 이스라엘은 왜 또 다시 패배를 경험했을까? 왜 기브온 족속의 꾀에 넘어갔을까?

기도하지 않았다

그들은 하나님께 묻지 않았다. 기도는 곧 하나님의 이끄심과 임재를 경험하고, 나아갈 확실한 방향을 지도 받는 그런 하나님과의 통신줄이다. 그런데 그것이 끊어졌다.

OO선교단체에서 미국의 한 목사님과 세미나를 기획했는데, 총 4건의 세미나에 대한 광고를 신문에 내고 대대적으로 홍보하게 되었다. 그러면서 목사님이 미국에 계셨기에 직접 나서지 않고 한국에서 일을 도우시는 목사님에게 대리로 일을 맡기게 되었다.

그러나 의사전달이 제대로 되지 않고 와전되어 결국 세미나를 취소하기에 이르렀다. OO선교단체는 신문 하단의 광고비와 세미나 신청자의 세미나 비용을 환불해주어야 했다.

그런데 그 목사님의 이야기를 들어보니, 취소까지 이른 데에는 너무도 단순한 곳에 문제가 있었다.

그것은 주최 측과 서로 커뮤니케이션이 제대로 안 되었던 것. 충분하게 대화가 되지 않아 서로 오해하고 있었던 것이다.

영적인 문제도 마찬가지이다. 하나님과의 커뮤니케이션이 이루어지지 않는다면 혼선이 생기고 문제가 생긴다.

살아가다 보면 하나님과 통신줄이 끊어질 때가 참 많다. 하나님의 약속의 말씀대로 산다고, 하나님 뜻대로 산다고 하면서도 그 약속이 매 일상에 기억되는 것은 아니다.

그렇다 보니, 말씀을 잊고 살기도 하고, 알면서도 의도적으로 말씀대로 행하지 않기도 한다. 아니, 잊지는 않았더라도, 세밀한 하나님의 이끄심을 경험하지 못하는 것이다.

그러기에 끊이지 않는 기도가 있어야 한다. 이는 기도를 많이 하라는 이야기가 아니라, 일상 속에서 하나님의 임재하심을 매순간 경험해야 한다는 말이다.

지금 아무리 살펴봐도 하나님의 이끄심은 전혀 보이지 않는다. 이것은 하나님과의 통신줄이 끊어진 상태이다. 게다가 이스라엘 백성들은 적들에 대한 정확한 정보도 없어 보인다.

"이스라엘 사람들이 히위 사람에게 이르되 너희가 우리 가운데에 거주하는 듯하니 우리가 어떻게 너희와 조약을 맺을 수 있으랴 하나" (9:7)

너희가 누군지 잘 모르겠지만 우리 가운데, 다시 말해 이 가나안 근방에 거주하는 듯하니 조약을 맺을 수 없다고 말한다.

'~하는 듯하니…', 즉 그들은 지금 잘 모르고 있다. 이스라엘은 지금 가나안에 어느 족속이 어떻게 살고 있는지도 제대로 파악하지 못하고 있는 것이다.

이것은 전시 상태의 치명적인 실책이지만, 하나님은 그것을 탓하지 않으셨다. 정말로 가장 중요하고도 큰 실책은 이들이 하나님께 묻지 않았다는 사실이다.

어떤 어린아이가 해결하기 어려운 일을 하고 있었다. 그 아이는 도저히 되지 않아 포기해야겠다고 생각했다. 그걸 지켜보고 있던 아버지가 아들에게 물었다.

"너, 해볼 수 있는 것은 다 해봤니?"

"네, 아빠. 너무 힘들어서 더 이상 안 될 것 같아요."
"그런데 네가 아직 하지 않은 한 가지가 있다."
"그게 뭔데요?"
"넌 아빠에게 도와줄 수 있는지 묻지 않았다."

내 인생에서 해결하지 못할 큰 산을 만난다면 혼자 끙끙대지 말고 해결의 능력이 있으신 하나님께 묻기를 바란다.

"무리가 그들의 양식을 취하고는 어떻게 할지를 여호와께 묻지 아니하고"
(9:14)

"묻지 아니하였다". 묻지 않으면 답은 알아낼 수 없다. 또한 하나님은 우리의 기도를 통해 선한 싸움에서 승리하게 하시고, 그 모든 기도를 이뤄 주시기 원하시는 분이시다.

"우리가 너의 승리로 말미암아 개가를 부르며 우리 하나님의 이름으로 우리의 깃발을 세우리니 여호와께서 네 모든 기도를 이루어 주시기를 원하노라"
(시편 20:5)

좌절하고 쓰러져 실패를 경험한 것이 중요한 게 아니라, 기도로 일어서는 것이 더 중요하다. 우리 하나님은 모든 것을 이루어 주시길 원하시는 하나님이시다.

그렇다면 여호수아는 기도하지 않음으로 인해 어떤 문제가 생겼는가?

기도하지 않다 보니 어리숙한 잔꾀에도 속아 넘어가게 되었다.

"기브온 주민들이 여호수아가 여리고와 아이에 행한 일을 듣고 꾀를 내어 사신의 모양을 꾸미되 해어진 전대와 해어지고 찢어져서 기운 가죽 포도주 부대를 나귀에 싣고 그 발에는 낡아서 기운 신을 신고 낡은 옷을 입고 다 마르고 곰팡이가 난 떡을 준비하고 그들이 길갈 진영으로 가서 여호수아에게 이르러 그와 이스라엘 사람들에게 이르되 우리는 먼 나라에서 왔나이다 이제 우리와 조약을 맺읍시다 하니"(9:3~6)

기도가 없으면 어리숙한 잔꾀, 뻔히 드러나 보이는 잔꾀에도 넘어간다. 기브온의 잔꾀가 얼마나 어리숙한가. 먼 데서 온 것처럼 꾸미기 위해 옷도 찢어지게 하고, 다 떨어진 신발을 신고, 낡은 옷을 입고 왔다. 또 자기들이 얼마나 먼 곳에서 왔는지 설명하며 출발할 때 막 쪄낸 떡에 곰팡이가 덕지덕지 났으니 보라고 말한다.

조금만 살펴보면 알아챌 수 있는 일이었는데도 이스라엘은 모르고 넘어간다. 영안이 막혀 앞이 보이지 않는 것이다. 도무지 사기를 당할 만한 내용도 아닌데, 어떻게 이런 얄팍한 속임수에 넘어갈 수 있었을까?

기도가 사라졌기 때문이다. 사람의 속마음, 잔꾀를 보는 눈이 막혀서 그렇다.

어려운 것이 아니다. 뭔가 꺼림칙하다면, 바로 하나님께 기도하여 물어보면 된다.

"하나님, 이 기브온 족속이 하는 말이 맞습니까? 어떻게 할까요?" 그러나 여호수아와 이스라엘 백성들은 하나님께 묻지 않았다.

우리도 이와 마찬가지로 기도하지 않으면, 하나님과 통하지 않으면, 어수룩한 외형의 모습에도 끌려 속아 넘어가게 된다는 사실을 보여준다.

우리는 외형을 보고 많은 판단을 한다. 그러나 기도한다면 절대 속아 넘어가지 않을 수 있다. 또한 기도한다면 외형의 모습보다 중심을 보게 된다. 하나님도 사람을 외모로 취하시는 분이 아니라, 중심을 보시는 분이라고 말씀하셨다.

게다가 여호수아와 이스라엘 백성들은 인간의 간사한 머리 숙임에 우월감을 가졌던 것 같다. 기브온 사신은 허리를 숙이고 "우리는 당신의 종입니다. 굽어 살펴주옵소서." 라고 했다.

상대방이 복종의 자세로 나왔을 때, 우리의 우월감은 살아난다. 이스라엘은 아직 국가를 이룬 나라도 아닌데, 먼저 찾아와 종이 되겠다고 하니, 기분이 얼마나 좋았겠는가.

사탄은 공격할 때 우리를 한없이 깎아내리기도, 한없이 띄워주기도 한다. 내가 사소한 죄를 지었을 때는 "네가 그러고도 용서받을 수 있다고? 까짓 거, 이왕 이렇게 된 거 넘겨버려. 다른 길을 찾아봐." 라고 죄책감으로 우리를 한없이 깎아내려 회개하지 못하게 하고 반면에 "너 정말 대단해. 기도를 많이 하다 보니, 하나님의 영적 권능이 막 보이는구나. 대단하다. 넌 정말 하나님과 같은 능력을 가진 거 같아." 라며 띄워주고 높여주어서 우리를 교만하게 만든다.

이스라엘 백성들이 진정한 기도에 몰입하지 않다 보니, 어수룩한 외형에 속고, 감언이설에 넘어가지 않는가.

"나는 당신의 종입니다. 굽어 살피소서."

기도하지 않으면 누구나 속아 넘어간다. 그런 상황에서 기브온 사신은 입술의 침이 마르도록 아부한다.

"그들이 여호수아에게 대답하되 종들은 당신의 하나님 여호와의 이름으로 말미암아 심히 먼 나라에서 왔사오니 이는 우리가 그의 소문과 그가 애굽에서 행하신 모든 일을 들으며 또 그가 요단 동쪽에 있는 아모리 사람의 두 왕들 곧 헤스본 왕 시혼과 아스다롯에 있는 바산 왕 옥에게 행하신 모든 일을 들었음이니이다" (9:9~10)

"당신들 대단한 민족입니다. 당신의 하나님은 정말 대단한 신입니다. 아모리의 두 왕 시혼과 옥을 쳐부쉈다는 얘기도 들었는데 정말 대단합니다." 이들은 아부의 극치를 보여준다.

그리고 이후에 기브온이 가나안 지역에 거주하는 족속임을 알았지만, 하나님께 맹세하여 화친을 맺었기 때문에 이스라엘은 어찌할 방도가 없었다.

이유야 어찌 되었든 기브온 족속은 하나님의 은혜를 입게 되었다. 피비린내 나는 살육전에서도 살아날 수 있었고, 급박한 어려움의 상황에 처하게 되었을 때 이스라엘의 도움을 받았다.

대항하기보다 하나님 앞에 굴복하는 이들의 화친의 노력이 모든 악함 속에서도 하나님의 은혜로 작용한 것이다. 이것이 우리에게 주는 영적인 교훈이다.

한 사람이 중요하다. 나의 영향력을 키우고 한 사람의 영향력을 키우자. 한 사람의 영향력을 무시하지 않고, 더 노력하고, 더 합력한다면 반드시 우리가 섬기는 교회마다 부흥이 이뤄질 것이다.

내가 사업을 하든, 직장을 다니든, 가사 일을 돌보든, 내 삶의 공간 속에 말씀을 대입하자. 그리고 그 말씀 속에서 힘을 얻고, 말씀으로 승리하자.

10. 하나님과 함께 호흡하라 _(수10장)_

언젠가 청소년 아이들에게 "너희들, 예수님을 왜 믿는다고 생각하니?"라고 물었더니 "천국 가기 위해서요. 구원받기 위해서요."라고 대답하더라.

틀린 말은 아니지만, 정확한 답이라 볼 수도 없다. 우리 다시 한 번 생각해보자. 왜 예수를 믿는가? 예수 믿는 이유가 단지 구원받기 위해, 천국 가기 위해서라면 지금 살아가는 삶에는 무슨 의미가 있을까? 그냥 대충 살다가 천국 가면 되는데 그냥 되는 대로 살아가도 되지 않는가.

우리의 목표가 오직 예수 믿고 천국 가는 한 가지라면 그것은 곧 죽기를 바라며 산다는 말과 똑같다. 조금 더 직접적으로 말한다면 보장된 천국을 위해 예수님을 이용하는 것밖에 되지 않는다.

하나님이 우리를 그렇게 창조하셨을까? 아니다. 하나님은 우리의 유일한 경배 대상이시다.

우리는 예수님의 희생어린 피의 공로를 힘입어 성소에 들어갈 담력을 얻었다. 또한 성령님은 우리를 마지막까지 구원의 길로 인도해주시는 하나님의 영이시다. 우리는 그런 하나님을 믿고 있다.

예수님 자체가 복음이시기에 예수님의 행적이 기록된 성경을 복음서라 말한다. 마태, 마가, 누가, 요한복음 4복음서.

이 복음서들을 살펴보면 예수님은 천국에 대해, 구원에 대해 굉장히 강조하셨다.

'온 세상에 복음이 전파될 것이다. 모든 민족에게 복음이 증거 될 것이다.'
'불 같은 시험이 많으나 끝까지 견뎌라. 끝까지 견디는 자는 구원을 받으리라.'
'내가 곧 길이요, 진리요, 생명이니 나로 말미암지 않고는 아버지께로 올 자가 없느니라.'
'이는 저를 믿는 자마다 멸망치 않고 영생을 얻게 하려 하심이라.'
'참 진리 되시는 주님, 그 진리가 너희를 자유하게 하리라.'

예수님은 복음을 강조하셨고, 천국을 강조하셨으며, 진리 가운데 거하기를 강조하셨다. 특별히 '땅끝까지 복음을 전파하라' 는 이 전도의 명령은 마지막까지 강조하신 말씀이다.

그런데 복음서에서 이러한 구원과 천국 복음, 종말을 살아가는 성도들의 인내 등의 말씀이 차지하는 비중은 전체 내용 중 사실 30%도 되지 않는다.

그렇다면 복음서에 기록된 예수님의 가르침 중 70%는 어떤 내용일까? 그것은 바로 지금 이 땅, 이곳에서의 삶에 관한 내용이다.

영생에 비하면 너무나 짧을 수 있는 한정된 삶에 70% 이상을 할애해서 말씀하셨다.

예수 믿고 구원받아 천국 가는 것은 최종적인 결론이다. 구원이 우리 인생 최고의 소망이자 지향점인 것은 분명하지만, 현재의 삶, 지금 당신과 내가 살아가는 이 삶이 얼마나 중요한지를 보여주고 있는 대목이다.

현실이 망각된 구원은 없다. 한 걸음, 한 걸음 채워가야 미래 지향적으로 구원이 이루어지는 것이지, 현실을 무시한 미래 지향적 구원은 있을 수 없다. 중요한 것은 이 짧은 현실에서 구원을 결정짓게 된다는 사실이다. 그렇다고 생각할 때 현실이 얼마나 중요한가?

예수님이 우리의 삶을 값지게 하셨다. 그러므로 우리 역시 삶을 값지게 살아가야 한다.

사람들이 왜 그리 힘들게 산에 오르는지 모르겠지만, 에베레스트 최고봉을 올라가는 것도 한 걸음에서 시작된다. 한 발, 한 발 힘겨운 발을 떼며 올라간다.

그리고 걸음들이 모아져 결국 정상에 이르게 된다. 그 한 걸음이 없다면 정상을 정복하는 기쁨도 없다. 그 한 발, 그 한 계단이 우리에게 주어진 삶이다.

앞에서 우리는 기브온 족속이 잔꾀를 내어 이스라엘과 화친을 맺은 내용을 살펴보았다.

기브온 족속은 히위 족속에 속해 있는 소수 민족인데, 어수룩한 잔꾀를 내어 이스라엘과 평화조약을 맺었다. 이스라엘은 나중에야 비로소 속았다는 것을 알았지만 계약을 파기할 수 없었다. 왜냐하면, 그 계약은 여호와 하나님의 이름을 두고 맹세한 것이기 때문이었다.

우리는 하나님과 함께 호흡하는 삶이어야 한다. 함께 호흡한다는 것은 무슨 말인가?

호흡은 생명이다. 함께 호흡한다는 것은 함께 산다는 것이다. 또한 함께 호흡한다는 것은 함께 생활한다는 말이다.

하나님은 필요한 때만 '짠' 하고 나타나셔서 문제를 해결해주시고 내 삶 속에서 사라지시는 분이 아니다. 내가 활동하고 있는 그 공간 안에서 함께 생활하시는 분이시다.

또한 호흡한다는 것은 살아 있다는 증거이며 뜻을 같이한 사람들을 '함께 호흡한다'라고 말하는 것처럼 어떤 일에 척척 손발이 맞게 하면 '저 사람들 호흡이 잘 맞는다'고 말한다.

결국 이 세상의 삶을 가장 값지게 하는 것은 하나님과 함께 호흡하는 것이다.

지금 기브온 족속에게 큰 문제가 생겼다. 예루살렘 왕 아도니세덱이 기브온과 이스라엘이 화친을 맺은 사실을 알고 화가 났다. 그리고 기브온을 이대로 두어선 안 되겠다고 생각했다.

가나안 족속들
이스라엘 백성이 가나안에 들어가 살기 전부터 그곳에 거주하고 있던 민족(족속)을 말한다(창 12:6; 24:3,37; 출 3:8; 신 7:1). 그중에는 헷, 가나안, 아모리, 히위, 여부스, 브리스, 기르가스 족속 등이 있었다.
가나안 사람은 무역에 뛰어나 부를 이루었는데 이들로부터 상인(상고)이란 뜻을 지닌 히브리어 '케나아니'(Kenani)란 말이 생겨났다(호 12:7; 습 1:11). 안정된 농경 생활과 상업으로 부를 이루고 있었던 이들은 바알, 아스다롯, 아세라 등의 우상을 섬겼다(민 25:1-5; 삿 3:7). 이들의 우상 종교는 성적으로나 도덕적으로 심한 타락상을 보였는데 이것 때문에 하나님께서 이스라엘 백성에게 가나안 사람들을 철저히 진멸하라고 하신 것이다(신 20:16-18). 하나님께서는 이를 통해 이스라엘 백성이 가나안의 죄에 물들지 않고 하나님의 거룩한 백성(출 19:5-6)으로 살아가기를 원하셨다.

그래서 아모리 족속의 다섯 왕들에게 사람을 보내 연합할 것을 말하고 기브온을 쳐들어가자고 다짐한다.

아도니세덱 왕은 헤브론 왕 호함, 야르뭇 왕 비람, 라기스 왕 야비야, 에글론 왕 드빌에게 사신을 보내 기브온 공격에 대한 계획을 세웠다.

이제 기브온은 다급해졌다. 이들이 연합으로 공격해오면 막아낼 재간이 없다. 그래서 기브온은 여호수아에게 도와달라고 다급하게 사람을 보냈다.

"기브온 사람들이 길갈 진영에 사람을 보내어 여호수아에게 전하되 당신의 종들 돕기를 더디게 하지 마시고 속히 우리에게 올라와 우리를 구하소서 산지에 거주하는 아모리 사람의 왕들이 다 모여 우리를 치나이다 하매" (10:6)

이스라엘 입장에서 생각해보자. 그들을 도울 이유가 있었을까? 그들은 기브온과는 속아서 조약을 맺었다. 파기할 수 없을지언정 굳이 기브온 진영으로 군사를 보낼 이유까지는 없다. 하지만 여호수아와 이스라엘은 그렇게 하지 않았다.

"여호수아가 모든 군사와 용사와 더불어 길갈에서 올라가니라" (10:7)

비록 속아서 화친조약을 맺었지만 조약은 조약이라고 생각한 것이다. 그래서 소수의 병력을 데리고 가는 것으로만 생색내지 않고, 모든 군사와 용사를 이끌고 올라갔다고 성경은 기록하고 있다. 믿는 자들이 어떤 행실로 살아가야 할지를 잘 보여주고 있는 대목이다. 하나님은 또 다시 전쟁을 앞두고 두려움에 싸여 있는 여호수아와 이스라엘을 위로하시고 힘을 주신다.

"그때에 여호와께서 여호수아에게 이르시되 그들을 두려워하지 말라 내가 그들을 네 손에 넘겨주었으니 그들 중에서 한 사람도 너를 당할 자 없으리라 하신지라"(10:8)

하나님과 함께 호흡한다는 것은 무엇이든 하나님과 함께하는 것을 말한다고 했듯이, 하나님은 우리와 함께하시며 힘을 주시는 하나님이시다.

지금 이스라엘 백성들 상태가 어떠한가? 계속해서 아이 성 패배의 악몽이 떠오른다. 자꾸 기브온과 잘못 맺은 조약을 떠올리게 된다. 또 전쟁이다. 그들은 두려움이 차오를 수밖에 없다.

그러나 하나님께선 '두려워하지 말라. 그들을 네 손에 넘겨주겠다. 너희는 단 한 명도 죽지 않으리라' 고 말씀하신다.

하나님은 그런 분이시다. 우리는 항상 좌절 속에서 '그래, 한 번 해보자' 하며 힘을 내지만 또 넘어진다. 그리고 또 다시 다짐하고 또 넘이지지는, 이러한 삶의 반복이다. 그러나 이런 우리를 잘 아시는 하나님은 언제나 우리를 다시 일으켜 세워주신다.

두려워하지 말자. 이런 하나님이 계시는데 무엇이 두려운가. 안 될 일이 뭐가 있겠는가.

그렇다면 우리는 여기서 어떤 교훈을 배울 수 있을까?

약속과 의리를 지키자

이스라엘 백성들은 마음이 없어도 약속을 성실히 이행했다. 만약 믿는 자가 신용이 없다면 그것은 믿는 자 다운 것이 아니다.

우리는 우리 자신의 말에 신용이 없을 때가 많다. "내가 이번 약속은 꼭 지킨다. 하늘을 두고 맹세한다" 하지만 금방 까마귀가 되어 버리곤 한다.

그런데 이스라엘에서는 '하늘을 두고 맹세한다. 하나님께 맹세한다' 라는 맹세와 결심을 대단한 것으로 받아들이며 또한 하늘을 두고 한 맹세는 반드시 지켰다.

그래서 함부로 맹세하지 않을 뿐 아니라 하늘을 두고 맹세했다면 이 말을 굉장히 비중 있게 받아들였다.

교회에서 가장 잘 지켜야 하는 것은 시간 약속이라고 생각한다. 보통 사람들은 어떤 모임 시간에 제대로 맞춰 오는 경우는 별로 없는 것 같다. 또한 주일성수도 약속이므로 어겨서는 안 되며 지켜야 한다.

일주일 내내 예배를 인도를 하는 목사가 말없이, 그리고 아무 이유도 없이 아무에게도 알리지도 않고 교회에 나오지 않는다고 생각해 보라. 있을 수 없는 일이다. 그건 있을 수 없는 일이라 생각하면서 우리들은 왜 그런가.

그것뿐인가? 적극적으로 참여하지 않고 소극적으로 뒤에서 관전하는 모습도 전혀 덕스러운 모습이 아니다.

그저 뒷전에서 상태를 관전만 하고 관망만 하다가 이때다 싶으면 슬쩍 들어와 그냥 묻어가는, 우리 그런 사람이 되지 말자.

다 된 밥상에 살짝 숟가락 하나 얹어놓는 것, 참 야비한 일이다. 이스라엘은 비록 속아서 맺은 화친이었지만 약속을 지켰다. 그것도 전심전력으로 기브온을 도왔다. 지킬 건 지켜야 한다.

하나님과 함께 호흡하면 어떤 일이 생기는가? 하나님은 넉넉히 이기게 하신다. 이스라엘은 기브온을 돕기 위해 벧호론으로 올라가는 비탈에서 아모리 족속을 추격한다.

그래서 아세가와 막게다까지 이르렀다고 기록하고 있다. 이스라엘은 충분히 아모리 연합 족속을 이겨낼 수 있는 상황이다.

그런데 오늘 보면 스스로 충분히 이겨낼 수 있는 상황에서도 하나님은 놀라운 기적으로 그들에게 힘을 쏟아부어주시는 걸 알 수 있다. 하나님은 하늘에서 큰 우박덩이를 떨어뜨리셨다.

"그들이 이스라엘 앞에서 도망하여 벧호론의 비탈에서 내려갈 때에 여호와께서 하늘에서 큰 우박덩이를 아세가에 이르기까지 내리시매 그들이 죽었으니 이스라엘 자손의 칼에 죽은 자보다 우박에 죽은 자가 더 많았더라" (10:11)

하나님과 함께하면 상대가 어떤 악의 무리라도 승리한다. 그것도 그냥 비등비등한 승리가 아닌 대승을 거두게 하신다.

앞서 예수님의 가르침 70%가 현실에 대한 가르침이었다고 이야기했다. 그만큼 중요한 것이 현실의 삶인데, 오늘 이스라엘과 함께 하시는 하나님이 대승을 주신다.

매 현실의 삶 속에서 우리는 하나님과 함께 호흡함으로 매일, 매 순간마다 승리를 경험해야 한다. 우리가 승리의 하나님을 발견하지 못한다면 참 재미없는 삶이 될 것이다.

행복을 누리고 사는가? 매일 '죽지 못해 산다', 이건 아니다. 예수를 믿으면서도 늘 눈물 자국이 가득하다면 그게 어찌 예수 믿는 자의 삶인가. 하나님은 우리에게 큰 승리를 주신다는 것을 기억하길 바란다.

하나님은 또한 두 번째 기적을 행하셨는데, 바로 태양을 멈추게 하셨다.

"여호와께서 아모리 사람을 이스라엘 자손에게 넘겨주시던 날에 여호수아가 여호와께 아뢰어 이스라엘의 목전에서 이르되 태양아 너는 기브온 위에 머무르라 달아 너도 아얄론 골짜기에서 그리할지어다 하매"(10:12)

지금 이 시대 사람들은 이 장면을 보고, '이거 말이 안 된다. 어떻게 해를 멈추게 하느냐? 말이 안 된다'고 할 것이다.

그렇다. 분명히 태양은 항상 그대로 있다. 지구가 멈췄다. 하나님은 지구를 멈추게 하신 것이다.

그렇다면 이것은 과학적으로 말이 될까? 만약 지구가 멈추면 어떻게 될까? 지구가 멈추면 모든 물이 남극과 북극으로 몰리게 된다. 물이 남극과 북극 주변에 40% 이상 쌓여서 그 근방은 완전히 물에 잠겨버리고 지구의 90% 이상의 공기가 사라진다.

당연히 사계절은 사라지고, 한 쪽 면은 늘 밤이고, 1년 중 6개월은 영상 55도 이상, 6개월은 영하 55도 이하가 된다. 대기권이 무너져 태양의 심각한 자외선이 사람에게 그대로 전달된다.

마실 식수는 사라진다. 이 정도만 해도 사람이나 동물, 식물 모든 것이 다 죽는다. 더 놀라운 것은 그렇게 되면 사람이든 동물이든 모두 지구 밖으로 튕겨져 나가 우주 미아가 되어버린다.

그럼 이 사건은 모순 덩어리의 있을 수 없는 사건인가? 적어도 과학적으로 볼 때는 모순이다.

과학적으로는 도저히 납득이 안 되는 엉터리이다. 그렇다면 하나님도 엉터리이신가? 하나님도 모순의 하나님이신가? 우리는 그렇지 않다는 것을 잘 안다.

하나님은 우주의 질서도 창조하신 분이시다. 우주의 질서와 다양한 법칙도 하나님 앞에선 유일한 법칙이 될 수 없고 유일한 질서가 될 수 없다.

하나님은 모든 것을 창조하셨고, 그중에 과학도 창조하신 분이시다. 모든 것을 주관하시는 하나님이 그깟 과학의 법칙에 갇혀 사시겠는가? 그런 하나님이 아니시다.

지구를 멈추게 하신 일, 기적이다. 또한 지구가 멈춰 섰는데도 우리 인생을 죽지 않게 하신 것, 과학도 초월하시는 하나님의 놀라운 기적이다.

과학기술 문명이 발달하지 않았던 족장시대에 하나님의 영감으로 기록된 성경 말씀은 당시의 시대 상황에 맞는 사고와 생각으로 기록되었다. 과학기술이 아예 없었던 시절에 살던 성경 저자가 그걸 어떻게 표현했겠는가? 만유인력이니, 지구의 공전이니 자전이니 하는 것을 모르는 저자는 하나님께서 해가 떨어지지 않게 하셨다고 기록할 수밖에 없는 것이다.

하나님은 놀라운 기적으로 이스라엘을 승리로 이끄셨던 것처럼 지금 우리의 삶 속에서도 놀라운 방법으로 우리를 이끄시는 분임을 기억하길 바란다.

하나님은 지금 이 전쟁에서도 이스라엘의 목소리를 들으셨다.

"여호와께서 사람의 목소리를 들으신 이 같은 날은 전에도 없었고 후에도 없었나니 이는 여호와께서 이스라엘을 위하여 싸우셨음이니라" (10:14)

'여호와 하나님께서 직접 사람의 목소리를 들으셨다. 그리고 오직 이스라엘을 위하여 직접 싸우셨다'고 말씀하신다.

결국 이스라엘은 아모리의 모든 왕과 땅을 취하게 되었고 이들 족속은 비참한 최후를 맞이하게 되었다.

하나님이 함께하시면 모든 상황은 종료되고 전쟁은 이스라엘의 대승으로 끝이 난다.

26~39절까지는 아모리 다섯 왕의 최후를 이야기하고 있는데 '여호수아와 이스라엘은 온 땅 산지와 네겝 평지와 경사지 모든 왕을 쳐서 하나도 남기지 아니하였다. 호흡 있는 자를 다 진멸하였다'라고 기록하고 있다.

또한 40절에서는 "이와 같이 여호수아가 그 온 땅 곧 산지와 네겝과 평지와 경사지와 그 모든 왕을 쳐서 하나도 남기지 아니하고 호흡이 있는 모든 자는 다 진멸하여 바쳤으니 이스라엘의 하나님 여호와께서 명령하신 것과 같았더라"라고 전하고 있다.

이렇듯 하나님이 싸우시면 우리를 단번에 승리로 이끌어 주신다.

"이스라엘의 하나님 여호와께서 이스라엘을 위하여 싸우셨으므로 여호수아가 모든 왕들과 그들의 땅을 단번에 빼앗으니라" (10:42)

승리는 오직 하나님께 있다. 현실의 삶, 중요하다. 값지게 살아가자. 또한 '두려워하지 말라. 그들을 네 손에 넘겨주겠다. 너희는 단 한 명도 죽지 않으리라' 라고 말씀하신 그 하나님은 내가 좌절하고 두려워할 때 다시 일으켜 세워주시는 분이시다.

하나님과 함께 호흡하는 우리들은 어떻게 행동해야 하는가? 약속은 반드시 지키고 의리를 지켜야 한다. 하나님과 함께 호흡하는 삶은 어떤 삶인가? 넉넉히 이기는 삶이다.

하나님은 우박으로 악을 물리쳐주시기도 하고, 때론 태양을 멈추시면서까지 싸워 이기게 해주시는 분이시다.

하나님은 이스라엘의 목소리를 들으셨듯이 오늘 우리의 음성도 들어주시는 하나님이심을 기억하기 바란다.

우리, 주님과 함께 호흡하자. 그리고 한 걸음, 한 걸음 주 예수와 함께 나아가자.

11. 내가 해결해 줄게 _(수11:1~23)

    이스라엘은 요단강을 건넌 후, 여리고 성을 무너뜨리고 한 번의 실패를 거쳐 아이 성까지 점령했다. 그리고 정복 전쟁은 계속된다.
    앞에서 살펴본 것 처럼 10장은 이스라엘이 가나안 남부를 어떻게 점령했는지를 묘사하고 있다. 그리고 11장에는 가나안 북부를 점령해가는 과정이 나와 있다.

    본문 1절에 보면 "하솔 왕 야빈이 이 소식을 듣고"라고 한다. '하솔'은 가나안 북부 갈릴리 성읍 중에 가장 세력이 컸던 지역을 말한다. 지도를 보면 좌편에 큰 지중해가 흐르고 그 이스라엘 북쪽의 헬몬 산에서부터 물줄기기 흘러내려오는데 아래로 갈릴리 바다가 있고 그 한참 아래에 사해가 있다. 하솔은 갈릴리 바다 바로 위쪽에 위치해 있던 성읍이다. 그 길목에 아주 큰 성읍 하솔이 있었다. 하솔의 왕 야빈은 주변 나라들과 동맹을 맺고 그중에 맹주로 활약했던 인물이다. 그 하솔 왕 야빈이 '이 소식'을 들었다고 했다.
    이 소식이 무엇인가. 이스라엘 백성이 가나안 남부 지역을 어떻게 정복하였는지 들었다는 것이다.

갑자기 하늘에서 우박이 떨어져 우박에 맞아 죽은 사람이 더 많았다는 사실과 하늘에서 태양이 기브온 위에 멈춰서고, 달이 아얄론 골짜기에 멈춰서는 기적이 일어나 남부 모든 족속이 다 대패했으며 아모리 모든 왕의 땅을 취하였다는 서늘한 소식이었다.

이제 다음 차례는 하솔이라 생각했다. 그래서 하솔과 야빈은 더 견고한 연합 전선을 펴게 되었던 것이다. 본문 1~5절을 보면 야빈이 연합한 복잡한 족속과 왕의 이름들이 나온다.

"하솔 왕 야빈이 이 소식을 듣고 마돈 왕 요밥과 시므론 왕과 악삽 왕과 및 북쪽 산지와 긴네롯 남쪽 아라바와 평지와 서쪽 돌의 높은 곳에 있는 왕들과 동쪽과 서쪽의 가나안 족속과 아모리 족속과 헷 족속과 브리스 족속과 산지의 여부스 족속과 미스바 땅 헤르몬 산 아래 히위 족속에게 사람을 보내매 그들이 그 모든 군대를 거느리고 나왔으니 백성이 많아 해변의 수많은 모래 같고 말과 병거도 심히 많았으며 이 왕들이 모두 모여 나아와서 이스라엘과 싸우려고 메롬 물가에 함께 진쳤더라" (11:1~5)

하솔 왕 야빈이 남쪽에서 벌어진 싸움의 소식을 듣고 자기와 동맹할 만한 사람들을 전부 불러 모았다.

하솔 왕 야빈이 얼마나 많은 군대를 모았는지 4절에, "그들이 그 모든 군대를 거느리고 나왔으니 백성이 많아 해변의 수많은 모래 같고 말과 병거도 심히 많았으며"라고 기록하고 있다. 군대가 해변의 모래같이 많았다. 말과 병거도 일일이 셀 수 없을 정도로 많았다고 기록하고 있다.

하솔 왕 야빈은 많은 군사들을 모으고, 말과 병거를 모아 메롬 물가에 함께 진을 쳤다고 기록하고 있다. 왜 그런가? 이스라엘 한 민족과 대결하려고 말이다.

우리는 늘 '험하고 높은 이 길을 싸우며 나아간다'고 말한다. 피곤하고 바쁜 인생, 그저 피곤한 일상이 험한 길과 높은 길이라는 생각이 들 때도 많다. 그런데 보이지 않는 영적 세상은 늘 크고 작은 사탄의 계략과의 싸움이다. 우리는 이 싸움에서 주저앉지 않기를 바란다. 한두 번 닥쳐오는 시험, 까짓것 기도로 넘긴다고 하지만 때로는 감당하기 어려울 정도, 곧 마치 하솔 왕 야빈이 연합하여 이스라엘을 향해 달려들었던 것처럼 사탄이 아주 무시무시한 맹위를 떨치며 달려들 때도 많다.

그런 때를 면밀히 살펴보라. 내가 영적으로 민감한 사람이라면 내가 다급하고 두려울 때, 하나님은 위로와 확신으로 우리에게 다가오시는 분이시라는 것을 느낄 것이다. 반드시 기억하길 바란다.

말씀에서도 하나님은 이스라엘에게 위로와 확신을 주신다.

"여호와께서 여호수아에게 이르시되 그들로 말미암아 두려워하지 말라 내일 이맘때에 내가 그들을 이스라엘 앞에 넘겨주어 몰살시키리니 너는 그들의 말 뒷발의 힘줄을 끊고 그들의 병거를 불사르라 하시니라" (11:6)

이스라엘은 이 말씀에 힘을 얻고, 의지하여 또 다시 큰 승리를 하게 된다.

"여호와께서 그들을 이스라엘의 손에 넘겨주셨기 때문에 그들을 격파하고 큰 시돈과 미스르봇 마임까지 추격하고 동쪽으로는 미스바 골짜기까지 추격하여 한 사람도 남기지 아니하고 쳐죽이고 여호수아가 여호와께서 자기에게 명령하신 대로 행하여 그들의 말 뒷발의 힘줄을 끊고 그들의 병거를 불로 살랐더라"(11:8~9)

우리는 여호와의 말씀대로 순종할 때 승리하게 됨을 말씀을 통해 다시 한 번 확인할 수 있다. 그렇다면 이 전쟁같은 세상속에서 우리는 하나님의 이끄심을 어떻게 확인할 수 있는가? 그리고 영적인 전쟁터같은 세상속에서 우리는 어떻게 살아가야 할까?

겁내지 말자

한 젊은 부부가 있었다. 남편은 직업군인이었고 부인은 전화상담사였다. 그러던 어느 날, 부인이 각막염으로 병원을 가게 되었고 그래서 급하게 하게 된 수술이 잘못되어 양쪽 눈이 모두 실명되었다.

왜 내게 이런 일이 일어났는가? 그녀는 매일 우는 것이 일이었다. 그러던 중 교회를 다니고 있던 그녀는 이러면 안 되겠다고 생각하고 자신이 본래 하던 일을 다시 시작하게 되었다.

그런데 출퇴근하는 것이 문제였다. 그래서 남편은 앞을 볼 수 없는 부인을 데리고 버스정류장까지 가서 함께 버스를 타고 가서 내려서 직장에 데려다 주고 남편은 다시 버스를 타고 와서 출근했다.

그녀가 익숙해지기까지 6개월이 걸렸다. 그리고 6개월이 지난 후부터는 그녀가 혼자 버스를 타고 출퇴근을 하게 되었다.

그러던 어느 날이었다. 버스에 타면 그녀는 늘 운전기사 바로 뒷자석에 앉았는데 하루는 버스 운전기사가 그녀에게 행복하겠다며 말을 건네는 것이다. 그 부인은 자신은 앞도 볼 수 없는데 뭐가 행복하냐고 되물었다.

"남편분이 항상 부인 바로 뒷자석에서 한결같이 지켜보고 있는데 이보다 더 행복한 게 어디 있습니까" 하는 것이다.

그렇다. 남편은 6개월이 지난 이후에도 그녀 몰래 버스를 함께 탔고 여전히 직장에 잘 도착했는지 확인하고 돌아갔던 것이다.

우리는 앞을 보지 못하는 그녀와 같다. 눈먼 상태로 세상을 살아가고 있기에 늘 사망의 음침한 골짜기로 빠져들기 쉽다. 또한 불은 모든 것을 다 태워버리고 잿더미가 되게 한다.

그렇다 할지라도 겁내지 말자. 늘 그녀 곁에서 지켜보고 있는 남편처럼 하나님은 우리를 지켜보고 계신다.

오늘 가나안 북방을 취하는 이 전쟁을 통해 확인할 수 있는 것은 사탄의 세력은 늘 우리의 약점을 노리고, 합세해서 달려든다는 사실이다.

하솔 왕 야빈이 합세한 크고 작은 나라들을 보라. 본문 1~5절에 나오는 야빈과 합세한 족속과 왕들을 열거해보면, 마돈 왕 요밥, 시므론 왕, 악삽 왕, 북쪽 산지와 긴네롯 남쪽 아라바와 평지와 서쪽 돌의 높은 곳에 있는 왕들, 즉 크고 작은 여러 족속의 왕들이었다. 그리고 가나안 족속, 아모리 족속, 헷 족속, 브리스 족속, 산지의 여부스 족속, 미스바 땅 헤르몬 산 아래 히위 족속 등이 이들과 다 연합하여 오직 이스라엘 하나를 넘어뜨리려고 연합군을 이끌고 메롬 물가에 진을 친 것이다.

영적전쟁은 이와 같이 치열하다. 사탄은 우리의 참된 신앙을 갉아먹으려고, 우리의 영적 생활을 망가뜨리려고 불같은 시험거리로 연합하여 우리에게 덤벼든다.

예수님은 거라사인 지방에서 무덤가를 배회하며 울부짖는 한 사람을 보게 되셨다. 귀신들린 사람이었는데 이 사람이 하도 소란을 피우고 괴성을 질러대니까 동네 사람들이 이 사람을 쇠사슬로 묶어두었다. 그런데 얼마나 힘이 세었던지, 그 쇠사슬을 끊어버렸다.

동네 사람들은 제어할 방법이 없었고 그를 포기했다. 그래서 귀신들린 사람은 사람들에게 대접받지 못하고 무덤가를 서성거렸던 것이다. 무덤가를 서성였던 귀신들린 사람이 예수님을 보고 외친 첫 마디가 무엇이었는가?

"하나님의 아들이신 예수님, 나와 당신과 무슨 관계가 있습니까? 왜 나를 이렇게 괴롭게 하십니까? 나를 괴롭게 하지 마소서."

예수님은 그 사람의 마음에 파고든 귀신에게 꾸짖으셨다.

"귀신아, 그 몸에서 나오라."

그리고 이제 그 몸에서 나온 귀신들이 예수님께 사정을 한다.

"예수님, 저희를 이 지방에서 내보내지 마소서. 저기 돼지 떼가 있는데 차라리 저기라도 들어가게 하소서."

예수님이 허락하자 귀신들은 그 돼지 떼에게 들어갔고, 무려 3천 마리가 되는 돼지 떼가 바닷가로 달려들어 몰사했다. 이 귀신은 얼마나 그 수가 많았던지 이름이 군대였다.

한두 명이 아니라, 귀신들이 연합해서 최소 3천 이상의 귀신들이 일시에 그 사람 몸속에 들어가 괴롭혔던 것이다.

어느 누구도 그 귀신을 물리치지 못했다. 오직 예수님만이 물리치셨다. 이처럼 우리가 사는 세상에서도 사탄은 연합하여 우리를 공격할 때가 많다.

환경에 약한 사람에게는 환경의 시험을 몰고 온다. 경제적으로 어렵게 만든다. 심성이 약한 사람에겐 심적 고통과 괴로움으로 공격해 들어온다. 그래서 우울하게 만들고, 약하게 만든다. 이성에 약한 사람은 그 약함을 파고들어 음란과 범죄에 빠지게 한다.

그런데 이런 것들이 마치 욥에게서와 같이 한꺼번에 휘몰아칠 수도 있다는 것이다. 생각지 않던 시험이 한꺼번에 다가올 때 우리는 그저 주저앉고 만다.

예를 들어 남편 직장은 부도가 나 실직하게 되었고, 생활비조차 빌리는 형편이 되었는데 설상가상으로 금리가 올라 집을 살 때 대출받았던 이자는 감당하기 어려워진다.

또 그동안 아이가 공부를 잘해서 장학금 받아 대학교 등록금 걱정은 없었는데 때마침 이번엔 성적이 떨어져, 고스란히 등록금을 내야 하는 상황이 되어버리는 상황들이다.

동분서주하며 빚을 막다 보니, '이게 뭔가? 내 삶이 도대체 왜 이렇게 되었나? 이렇게 살아야 하는가?' 하며 정신적 황폐가 찾아온다.

정신적으로 힘들어지고, 마음이 약해져 한숨과 눈물이 쏟아지는 이런 일들, 이런 불같은 시험이 한꺼번에 나를 괴롭힐 때도 있지만 걱정하지 말라. 주님은 '내가 해결해 줄게'라고 말씀하신다.

사탄은 어떻게 해서든지 우리로 하여금 예수님의 사랑에서 벗어나게 하려고 안간힘을 쓴다. 하지만 결코 예수 안에 있는 하나님의 사랑은 끊어질 수 없다.

"누가 우리를 그리스도의 사랑에서 끊으리요 환난이나 곤고나 박해나 기근이나 적신이나 위험이나 칼이랴 우리가 종일 주를 위하여 죽임을 당하게 되며 도살당할 양같이 여김을 받았나이다 함과 같으니라 그러나 이 모든 일에 우리를 사랑하시는 이로 말미암아 우리가 넉넉히 이기느니라 내가 확신하노니 사망이나 생명이나 천사들이나 권세자들이나 현재 일이나 장래 일이나 능력이나 높음이나 깊음이나 다른 어떤 피조물이라도 우리를 우리 주 그리스도 예수 안에 있는 하나님의 사랑에서 끊을 수 없으리라"(롬 8:35~39)

택함 받은 우리를, 구원함을 입은 우리를 그 어떤 것도 그리스도 예수 안에 있는 하나님의 사랑에서 끊을 수 없다.

걱정하지 않기를 바란다. 불같은 시험 많으나 겁내지 말자. 구주의 권능이 크시니 이기고도 남는다. 하나님은 말씀 한마디면 풀지 못하시는 일이 없다. 내 삶의 공간에 숱한 문젯거리가 산적해 있다 해도, '내가 해결해 줄게'라는 하나님의 말씀 한마디면 해결된다.

해변의 모래 같은 군사를 몰고 와도, 말과 병거가 심히 많아도, 아무리 많은 군사들이 진치고 있다 해도, 6절에서처럼 그저 하나님의 말씀 한마디면 해결된다.

"여호와께서 여호수아에게 이르시되 그들로 말미암아 두려워하지 말라 내일 이맘때에 내가 그들을 이스라엘 앞에 넘겨주어 몰살시키리니…"(11:6a)

'군대가 많다고 생각하니? 내가 물리쳐 줄게. 걱정하지마. 강한 철무기와 병거가 너희를 집어 삼킬 거 같니? 걱정 마. 다리 쭉 뻗고 자. 내가 해결해 줄게…'

아무리 어렵고 힘든 상황이 나를 억누른다 해도 하나님께서 '걱정 마, 내가 해결해 줄게' 한마디만 하시면 끝난다.
'내가 해결해 줄게.'

네팔에서 사역하시는 어느 선교사님의 이야기이다. 그곳 선교사님들은 모두 각자 나름대로의 색깔을 가지고 사역하고 계시는데, 그분은 그곳에서 가장 전도 효과가 큰 기독교 영화 상영 사역을 하셨다. 오래전 우리나라에서도 교회에서 영화를 상영한다고 하면 정말 많이 모여들었던 기억이 난다.

각 지역을 돌면서 예수님에 관한 영화를 무료로 보여주고 복음을 전하는데 이때 반드시 필요한 것이 장거리 운전에 강한 차라고 한다. 늘 차에 영화 상영에 필요한 스크린 천막과 영상 장비를 싣고, 강냉이 튀기는 기계도 항상 비치하고 다니셨다.

그런데 어느 날 그 차가 완전히 망가져 버렸다. 장거리 운전을 많이 하다 보니 이젠 폐차하기에 이르렀던 것이다.

우리나라에서 중고차는 몇 백만 원이면 사지만, 네팔에서는 열 배 이상 차가 비싸다고 한다. 차 값이 100만 원이면, 그 나라에 내는 세금이 그 차 값의 거의 10배나 되기 때문이다. 그래서 많은 돈이 필요했다.

선교사님은 '견고한 차를 주옵소서'라고 기도하고 여러 교회에 차량 구입을 위해 선교비를 보내달라고 간청을 하기도 하셨는데 그때 어느 교회의 목사님이 그 소식을 듣고 딱 한 말씀 하셨단다.

"내가 해결해 줄게." 그리고 즉시 차 구입비 천만 원 정도를 보내주셔서 바로 그 차를 구입할 수 있었다고 한다.

우리 앞의 아무리 큰 문제도 하나님께서 '그 일 걱정 마, 내가 해결해 줄게'라고 선언하시면 해결된다.

그러기에 약속의 말씀을 의지하고 그대로 믿으면 되는 것이다. 안 된다고 실망하지 말고, 계산하지 말고, 해결해 주시는 하나님을 믿고 나아가길 바란다.

환경을 보지 말자

강함과 약함은 환경이나 내가 획득한 것과는 전혀 상관이 없다. 본문을 여러 번 묵상하다보면 '왜 하나님이 그렇게 명령하셨을까' 하는 질문이 생기게 된다. 보통 전쟁을 하게 되면 모든 전리품은 다 취하기 마련인데 말이다.

본문 14절에도 "전쟁 중 획득한 모든 재물과 가축은 이스라엘 자손들이 탈취하라"라고 하나님은 명령하셨다.

'다 가져가라'

그런데 하나님은 6절에 이스라엘에게 저들을 물리쳐 주겠다고 하시면서 '너희는 적국의 말의 뒷발의 힘줄을 끊어버려라. 그리고 병거를 불사르라'고 하셨다. 왜 그렇게 명령하셨을까?

가뜩이나 전쟁 속에 사는 이스라엘 민족에게 강력한 병기는 그 어떤 것보다 중요한 취득물이다. 말과 병거는 훌륭한 전쟁 병기이다. 그런데 말 뒷발의 힘줄을 끊어버리면 말은 더 이상 서지 못하고 달리지 못한다. 다시 말해, 그 말은 군사용으로 사용할 수 없다.

또한 병거는 강력한 무기이다. 요즘으로 말하면, 장갑차나 탱크 같은 무서운 병기이다. 그런데 하나님은 그 좋은 병거를 불태워 버리라고 말씀하신다. 이스라엘엔 지금 병거가 단 한 대도 없다. 왜 이 훌륭한 무기를 불태워버리라고 하셨을까? 취하면 앞으로 닥칠 모든 전쟁에 얼마나 큰 위력이 되겠는가? 하지만 불태우라고 하셨다.

여기에는 승리의 근원이 무엇인지 확인시켜 주시려는 하나님의 의도가 숨어 있음을 깨닫게 된다.

승리는 하나님이 주시는 것이지, 이런 현실적인 군사력에 의해 좌우되는 것이 아니라는 것을 보여주고 계신 것이다.

우리는 무엇을 의지하고 있는가? 우리는 흔히 믿는 구석이 있다고 한다. 당신은 무슨 믿는 구석이 있는가? 전쟁 같은 세상에서 살아가면서 맞서 싸울 창을 의지했는가? 방패를 의지했는가? 그러지 말자. 오직 말씀만 믿고 의지하기 바란다.

세상을 살아가다보면 내 스펙을 쌓기 위해 배우고, 노력하고, 더 높이, 더 멀리 나를 개발하려 안간힘을 쓴다. 그런 노력이 불필요다는 것이 아니라, 그런 노력을 한다 해도 하나님께서 '후' 불면 모래성같이 무너져버리는 것이 우리의 인생이라는 것이다.

내가 잘되고 못 되고, 내가 성공하고 실패하는 것은 환경에 달려 있는 것이 아니라, 내가 획득한, 내가 쟁취한 것에 달려 있는 게 아니라, 하나님께 달려 있음을 한 번 더 기억하시라는 말이다. 하나님을 의지해야 한다. 결국 이스라엘은 하나님이 승리를 주셔서 하솔 왕 야빈과 모든 성읍을 정복하게 되었다. 그리고 이후 16~23절에는 여호수아가 취한 지역들이 열거되어 있다. 우리 환경을 보지 말고 늘 승리하게 하시는 하나님을 믿고 나아가자.

받은 은혜에 감사하자

우리는 하나님의 놀라운 은혜를 받았음에도 감사할 줄 모르고 살아가는 것은 아닌지 생각해보자.

천만 번을 생각해도 우리가 예수님 믿게 된 것은 정말 잘한 일이고 잘된 일이다. 그런데 아무리 전도해도, 아무리 예수님을 믿어도 하나님의 놀라운 은혜를 받아들이지 못하는 사람이 있다.

이상한 일이다. 그러나 분명히 기억하라. 하나님의 은혜가 임하지 않는, 택함 받지 않은 사람이 있음을 기억하라.

하나님은 택한 자를 사랑하시고, 택한 자를 끝까지 구원시키시는 하나님이시다. 하지만 가나안 족속은 전혀 하나님의 은혜를 입지 못한 족속이다.

"그들의 마음이 완악하여 이스라엘을 대적하여 싸우러 온 것은 여호와께서 그리 하신 것이라 그들을 진멸하여 바치게 하여 은혜를 입지 못하게 하시고, 여호와께서 모세에게 명령하신 대로 그들을 멸하려 하심이었더라" (11:20)

하나님께서 저들의 마음을 완악하게 만드셨다. 그 이유는 당신의 은혜를 입지 못하게 하시려는 것이었다.

아무나 구원받지 못하고 아무나 천국 가지 못한다. 그러니 내가 예수를 믿게 된 그 사실 하나만으로도 평생 감사에 감사를 더해야 할 축복이다.

가나안의 여러 족속 중에 이스라엘이 가장 두려워했던 족속 중 하나가 바로 아낙 자손이었다. 아낙은 민수기에서 '힘이 세고 키가 큰' 거인 혼합종이며, 네피림의 후손인 Anakites(히브리어로

Anakim)의 조상으로 나오는데, 사실 죄의 싹이었다. 하나님은 이들을 노아 때와 같이 멸하시기로 작정하셨던 것이다.

이스라엘이 그들을 얼마나 두려워했던지 가나안을 정탐할 때, "거기서 네피림 후손인 아낙 자손의 거인들을 보았나니 우리는 스스로 보기에도 메뚜기 같으니 그들이 보기에도 그와 같았을 것이니라"(민 13:33)라고 할 정도였다.

하지만 아낙 자손들은 택한 자들이 아니었다. 오늘 말씀 22절에 보면 "이스라엘 자손의 땅에는 아낙 사람들이 하나도 남지 아니하였고"라고 하였다. 모두 하나님의 심판에 의해 진멸당한 것이다.

우리는 수십억의 지구 인구 중에서 선택 받은 백성이다. 이들처럼 진멸의 그룹에 속해 있지 않다. 하나님은 우리에게 승리의 끈을 주신 것이다.

세상이 변하고, 이단들이 설쳐대고, 곧 주님이 오신다고 종말론자들이 우리를 미혹한다 해도, 하나님의 은혜 받은 자답게 감사함으로 나아가야 될 줄로 믿는다. 하나님께서 택하신 당신의 백성들에게는 늘 승리를 주시니 걱정하지 말고 근심하지 말자.

지금도 불같은 시험 속에서 방법을 알지 못하는 자들을 위해 주님은 말씀하신다. 하나님을 의지하고 나아가자.

"내가 해결해 줄게"

4장 전력 질주 하기 *(Spurt)*

"소망을 품고 달리면 지치지 않는다. 더 힘써 전력질주하라.
세상과 교회에 선한 경쟁과 싸움은 결코 멈춰선 안 된다.
하나님은 내 노력의 성과를 원하신다."

12. 거룩한 레위 지파가 되라 _(수12~13장)

이스라엘이 민족 형성 과정부터 국가로 정착하기까지에는 다른 나라들과 좀 다른 점이 있다. 물론, 민족의 대이동이란 거대한 역사적 그림이 있지만, 그것보다도 이스라엘 한 나라 안에 독립적인 12개의 공동체가 있었다는 점이다.

그것을 성경에서는 '12지파'라고 부른다. 12지파는 이스라엘 국가라는 카테고리 안에 각각 12개의 독립적이고 개별적인 혈족 공동체가 소국가 형태를 이루어 생활하고 있다는 말이며 12지파는 지파별로 자치적이고, 독립적이었다.

이스라엘의 조상은 바로 아브라함으로서, 아브라함은 히브리 민족의 시작이었다. 그의 손자 야곱에겐 12명의 아들이 있었고 그 아들의 후손들이 가나안을 점령할 때쯤에는 굉장히 많은 후손들로 성장했다.

그리고 이 12명의 아들이 점령한 땅을 분배 받고 그 아들들의 이름이 이스라엘 지파의 시조가 된다.

모든 것에는 기반이 중요하다. 흔히 공산주의 경제의 기반이 무엇이냐 묻는다면 노동에 있다고 말할 수 있고 자본주의 경제의 기반은 자본에 있다. 그렇다면 성경적인 경제관은 어디에 있을까? 땅에 있다.

이제까지 여호수아와 이스라엘 백성들은 하나님의 이끄심으로 제법 많은 가나안 지역을 점령했다.

뜨내기처럼 떠돌던 이스라엘 민족이 이제, 하나님이 약속하신 이 가나안에서 정착하게 되는데, 그 기초가 되는 것은 살아갈 땅을 정해주는 것이었기에 가나안 땅을 12조각 내서 지파별로 나누어주었고 지파에 속한 가정의 숫자를 따라 바둑판처럼 땅을 구분한 후 제비를 뽑아 주인을 정하였다.

이렇게 제비뽑기로 분배된 토지를 성경에선 기업이라 하였는데, 이것은 '회사, 기업'을 말하는 게 하니라, '기초가 되는 일, 기업'을 말한다. 예수님께서 12명의 제자를 선택하신 것도, 이런 이스라엘의 정통성을 존중한 이유에서였다.

그런데 모든 지파가 땅 분배를 받았는데 유독 레위 지파 한 지파만은 땅 한 평도 분배 받지 못했다. 아니, 분배해 주지 않았다.

여기서는 이 땅, 한 평도 분깃으로 받지 못한 레위 지파에 집중해 보려고 한다.

우리는 '레위 지파' 하면 먼저 거룩함이 떠오른다. 뿐만 아니라 순결하고, 고결하고, 경건한 모습이 떠오른다.

늘 성전에서 죄 사함을 받기 위해 양이나 염소를 가져오는 사람들의 속죄의식을 행하느라 앉아 있을 틈도 없이 계속 짐승의 피를 뽑고 불로 태워 하나님께 대신 제사 드리는 지파, 오직 레위 지파만이 하나님께 제사를 준비하고 올려드릴 수 있었다.

그런데 레위 지파 시조인 야곱의 아들 레위는 그처럼 순결하고, 고결한 성직자로서의 자격이 있는 자였을까? 아니다. 자기 동생 디나를 욕보인 것을 복수하기 위해 세겜으로 가서 사내들을 잔인하게 살해하고 나무라는 아버지 야곱의 말에도 대들었다.

누구보다 순결하고 선해야 하는 이 레위 지파의 시조는 사실 누구보다 악한, 누구보다 포악한 자였다. 오죽했으면 아버지 야곱이 이렇게 말했겠는가.

"시므온과 레위는 형제요 그들의 칼은 폭력의 도구로다" (창 49:5)

이런 몹쓸 성격의 과격하고 난폭한 레위가 하나님의 고결한 성직을 감행하게 되었다는 것은 이 시대를 사는 우리에게 많은 것을 깨닫게 한다.

이것은 마치 죄 많은 우리 인생, 죽을 수밖에 없는 우리 인생을 십자가 보혈의 피로 깨끗하게 씻어주시고 거듭나게 하심으로 거룩하지 않은 우리, 의롭지 못한 우리를 거룩하고 의롭다 인정해 주시고 구원해주심을 보여주는 대목이기도 하다.

이처럼 레위 지파의 모습은 우리의 인생의 모습과 너무도 닮아 있다. 내가 모났다고, 죄가 너무 많다고 한숨 쉬지 말자. 다 똑같이 모나고, 다 똑같이 죄 많은 인생이다.

또한 감사한 것은 하나님께서는 모나고 삐뚤어진 우리의 모습을 그냥 놔두시는 분이 아니시라는 것이다. 하나님은 나의 포악함, 나의 지혜 없음, 나의 판단력 흐린 상황을 그대로 사용하시는 분이 아니라, 그런 나의 몹쓸 부분을 고쳐 사용하시는 분이시다. 그래서 예수님을 믿고 변화를 받으면 바뀌게 되는 것이다.

하나님의 말씀을 통해 병든 내 영혼, 찌든 내 마음과 육체가 치유함 받아야 한다. 바뀌어야 한다. 그리스도 예수의 피로써 고침 받아야 한다. 또한 '주님, 나의 부족함을 고쳐 사용하소서' 라는 기도가 나와야 될 줄로 믿는다.

우리도 레위와 똑같은 혈기 방자한 인생이지만, 하나님께서 은혜를 주시고 다듬어 주셨다. 그래서 아름다운 하나님의 사람이 될 수 있었던 것이다. 그렇다면 이 시대를 살아가는 우리 믿는 자는 어떤 자가 되어야 할까? 거룩한 레위 지파가 되어야 한다.

본문 12,13장을 간략히 살펴보면, 12장은 그간의 가나안 정복을 회상하면서 정복한 나라와 총 31명의 왕의 리스트를 기록하고 있다. 그리고 13장에는 점령한 땅, 그리고 앞으로 하나님이 주실 땅을 분배하는 장면이 나온다.

여기서 우리는 12,13장을 통해 먼저 기억해야 할 것은 기억해야 한다는 것을 알아야 한다.

영화 '죽은 시인의 사회'에서 키팅 선생(로빈윌리암스)이 아이들에게 '카르테미엄, 현재를 즐겨라' 라고 말한다. 현재가 중요한 것이다. 그런데 지금의 현재는 과거로부터 비롯됨을 우리는 잊어서는 안 된다. 과거를 회상하고 기억하는 것 중요하다.

이스라엘 민족은 애굽에서부터 풀 한 포기 자라나지 않는 광야생활을 거쳐, 요단강을 건너 여리고를 무너뜨리고, 아이 성을 함락시키고, 여러 크고 작은 족속과 싸우며 승리를 거듭했다.

이런 과거의 전쟁을 되씹으면서, 이들은 그 가운데 역사하시는 하나님을 기억한 것이다.

과거를 기억함으로 현재를 살 수 있는 것이고, 현재를 살 수 있기에 미래를 설계할 수 있는 것이다.

이랜드의 부회장이 어느 신문과 인터뷰한 글에 의하면 이랜드는 매년 초가 되면, 임원들이 주먹밥에 소금을 찍어 먹는다고 한다. 이대 골목 후미진 곳에서 처음 미싱을 돌리고 봉제공장을 했던 어려운 시절, 먹을 것이 없어 주먹밥에 소금 찍어 먹던 시절이 있었는데, 그때를 상기하기 위해 소금 절인 주먹밥을 먹는다는 것이다. 이것이 기억이다.

그냥 먹는 것이 끝이 아니다. 과거를 기억하고 추억하며 현재를 감사하고 미래를 계획하는 것이다. 우리 또한 기억해야 한다. 과거는 우리 신앙의 유산이다.

'나 처음 믿던 그 시절, 귀하고 귀하다.'

기억하길 바란다. 과거의 아름다운 기억 없이 미래의 부흥은 이루어질 수 없다.

우리는 본문 13장에서 여호와 이레의 하나님을 믿고 나아가는 것을 발견할 수 있다.

하나님께선 이제 여호수아가 나이가 많이 들었지만, 아직도 정복할 땅이 많이 남아 있음을 상기시켜 주신다.

본문 1절에서 "여호수아가 나이가 많아 늙으매 여호와께서 그에게 이르시되 너는 나이가 많아 늙었고 얻을 땅이 매우 많이 남아 있도다."라고 하시면서 2~6절까지는 가나안 땅에 대해 설명하시고, 그 땅을 7절에서 아홉 지파와 므낫세 반 지파에게 나누어 주라고 말씀하시고 있다.

그리고 8~14절에는 동편 기업을 분배하는 내용이 나오고 15~23절까지는 르우벤 자손의 땅 분배, 24~28절까지는 갓 자손의 땅 분배, 29~33절은 므낫세 자손의 땅 분배 내용이 나온다.

이렇게 땅을 지파별로 분배하고 있는데, 중요한 것은 이 땅들이 아직 정복하지 않은 땅이라는 사실이다.

마치 올림픽에서 메달을 따지도 않았는데 미리부터 축하의 샴페인을 터트리는 것과 같다. 하나님은 아직 정복하지 않은 땅이지만 반드시 줄 테니 미리부터 땅을 분배해서 행정 조직을 정비하고 미리 지파별로 나누라는 것이다.

우리의 신앙의 여정은 바로 이런 하나님, 우리의 길을 예비하시는 여호와 이레의 하나님을 믿고 나아가는 것이다.

기도도 '주시옵소서'라고 하는 것이 아니라, 이미 해결해주신 것을 놓고 기도해야 한다.

어떤 일을 하든, 사업을 하든, 새롭게 시작되는 일은 이미 번창하게 해주시기로 되어 있는 일들이다. 믿고 기도하면 된다.

그런데 이렇게 모든 지파에게 소유할 재산을 다 나눠 주었는데 왜 레위 지파에겐 아무것도 주지 않으셨을까?(14절)

땅이 좁아서? 하나님께 미운 털이 박혀서? 아니다. 거룩한 레위 지파의 모습은 이 시대의 바른 신앙생활을 하는 성도들이 취해야 할 자세이자 행동에 대한 거울이다.

우리의 신앙이, 우리의 예배드림이, 또한 세상 속에 살아가는 우리의 모습이 거룩함을 잃지 않아야 한다.

거룩함이란 거창한 것이 아니라, 하나님을 닮아가는 삶을 말한다. 하나님께 향하는 모든 것이 곧 거룩함이다.

그렇다면 우리가 레위 지파, 거룩한 제사장이 되기 위해 어떤 노력을 해야 할까?

하나님과 친밀함

"오직 레위 지파에게는 여호수아가 기업으로 준 것이 없었으니 이는 그에게 말씀하신 것과 같이 이스라엘의 하나님 여호와께 드리는 화제물이 그들의 기업이 되었음이더라" (13:14)

레위 지파 사람들은 경제활동을 할 수 없었다. 아예 그런 땅을 분배조차 해주지 않았다. 오직 레위는 하나님께 드린 화제물 중 남은 것을 먹게 했다.

"모세가 아론과 그 남은 아들 엘르아살에게와 이다말에게 이르되 여호와께 드린 화제물 중 소제의 남은 것은 지극히 거룩하니 너희는 그것을 취하여 누룩을 넣지 말고 제단 곁에서 먹되 이는 여호와의 화제물 중 네 소득과 네 아들들의 소득인즉 너희는 그것을 거룩한 곳에서 먹으라 내가 명령을 받았느니라" (레위기 10:12~13)

하나님은 화제물에 대해 '이 음식이 지극히 거룩하니, 그것을 거룩한 곳에서 먹으라' 말씀하신다.

하나님께 올린 음식을 함께 나누어 먹었던 지파가 바로 거룩한 레위 지파였다. 레위 지파는 하나님과 함께 겸상했던 것이다.

함께 밥을 먹는다는 것은, 그만큼 친한 사이라는 뜻이다. 알지 못하거나 친하지 않은 누구와 밥을 먹는 것, 한두 번 그렇게 할 수는 있지만 아무리 맛있는 음식이 나와도 불편한 사람과 함께 식사할 수 없는 일이다.

밥을 자주 함께 먹는 사람은 친밀한 사이이고 친한 사이이다. 그건 분명하다. 그래서 밥을 함께 먹는 가족은 친밀할 수밖에 없다. 하나님의 화제물을 먹는 레위 지파는 더 하나님과 친밀한 관계로 구별되게 하셨다. 우리도 이와 같아야 한다. 하나님과 친밀해야 한다.

소유욕을 버리라

"오직 레위 지파에게는 모세가 기업을 주지 아니하였으니 이는 그들에게 말씀하신 것과 같이 이스라엘의 하나님 여호와께서 그들의 기업이 되심이었더라" (13:33)

레위 지파에게는 모세 때부터 기업을 주지 않았다. 왜 그럴까? 그것은 여호와 하나님께서 레위 지파의 기업이 되시기 때문이다. 다른 지파 사람들은 가나안을 점령한 이후로, 땅을 나누게 되었고, 그로 인해 재산이 생기게 되었다.

땅이 생겼으니 그곳에 경작을 하든, 목축을 하든, 그 땅으로 인해 재산을 더 많이 불려나갈 것이다. 그런데 오직 레위 지파에게는 아무것도 주지 않았다. 레위 지파에게 재산은 오직 하나님뿐이었다.

아버지의 재산을 떼를 써서 쥐어들고 나가 허랑방탕하게 보냈던 탕자가 돌아왔다. 정말 보기도 싫은 아들을 아버지는 늘 동구 밖 어귀에서 기다렸다.

그리고 아들이 돌아왔을 때 아버지는 그 아들을 얼싸안고, "내 죽었던 아들이 살아왔다"고 하면서 살진 소도 잡고 동네 사람들을 불러 모아 잔치를 벌였다.

그러자 묵묵히 아버지 밑에서 성실히 일하고 순종의 삶을 살았던 큰 아들이 화가 났다. 늘 아버지 곁에서 열심히 일한 자신에게는 염소 새끼 한 마리 잡아준 적 없으시더니, 망나니 같은 둘째 아들이 모든 것을 다 탕진하고 거지꼴이 되어서 돌아왔는데 이렇듯 성대하게 잔치를 베푸시니, 이건 안 될 일이지 않는가.

그때 아버지는 "아들아, 너는 늘 나와 함께 있지 않았느냐? 내 것이 다 네 것인데 무엇이 문제냐? 하지만 이 아들은 죽었다 돌아온 아들이다."라고 말한다.

우리는 세상을 살면서 첫째 아들과 늘 똑같은 생각을 한다. "하나님, 내가 열심히 신앙생활 했는데, 내가 열심히 헌신, 봉사했는데 왜 내 삶은 이 모양입니까? 부하게 하시든지, 아니면 남편 복이라도 있게 하시든지, 사업이 잘되게 하시든지, 애들이 공부라도 잘하게 하시든지, 어느 것 하나 제대로인 게 없지 않습니까?"

우리는 이러한 원망을 버리길 바란다. 그리고 세상의 짧은 삶에 당신의 모든 가치 기준을 두지 않기를 바란다.

우리는 레위 지파처럼 하나님 것이 전부 다 내 것이다. 레위 지파는 아무것도 받지 못했지만, 사실 하나님의 모든 것을 소유한 지파였다. 가장 감사해야 할 지파이다.

하나님이 나와 함께하심으로 우리는 없는 것도, 안 가진 것도 아니고 모든 것을 다 가졌다. 세상적인 소유욕을 버리길 바란다. 오직 사랑만 욕심내기를 바란다.

채우는 삶

레위 지파에게 아무것도 주지 않았지만, 잘 살펴보자.

"이 땅에서 레위 사람에게 아무 분깃도 주지 아니하고 다만 거주할 성읍들과 가축과 재산을 위한 목초지만 주었으니 이스라엘 자손이 여호와께서 모세에게 명령하신 것과 같이 행하여 그 땅을 나누었더라" (14:4~5)

하나님께서는 분깃은 주지 않았지만 거주할 성읍과 목초지는 주셨다. 하나님은 레위 지파에게 가축을 주신 것도 아니고, 재산을 주신 것도 아니고, 휑한 목초지만 주셨다. 이 내용을 어떻게 받아들여야 할까?

거룩한 레위 지파가 되기 위해선 채워야 한다는 것이다. 푸른 초원을 죽어가는 영혼들로 채워서 그의 갈증을 해소하고, 풀을 뜯어 양식을 채우는 그런 영적 목초지로 성장시켜야 할 의무를 주신 것이다.

우리도 채우는 삶이 되어야 한다. 하나님께서 교회를 왜 세우셨는가. 채우라고 세우셨다.

주일학교에서 학생, 청장년에 이르기까지 채우자. 채우지 않는 삶은 레위 지파의 삶이 아니다. 더욱 더 복음을 통해 거듭나고 교회로 나오는 무리가 많아져야 한다.

우리가 거룩한 레위 지파가 되어 더욱 더 하나님께 영광을 드리는 믿음의 사람들이 되길 바란다.

12지파와 레위지파

야곱의 열두 아들의 후예로 이루어진 지파들. 혈통적으로는 르우벤, 시므온, 레위, 유다, 단, 납달리, 갓, 아셀, 잇사갈, 스불론, 요셉, 베냐민에 의한 12지파가 거론되나 종교적으로는 훗날 출애굽 이후 레위 지파가 하나님의 소유로 성별된 이유(출 13:2-32; 민 3:1-51)로 12지파에서 제외된다. 대신 요셉의 두 아들 곧 에브라임과 므낫세가 각각 한 지파가 되어 12지파를 이루게 된다. 따라서 혈통적으로든 종교적으로든 이스라엘은 12지파가 된다. 이 12지파는 가나안을 정복한 후 각각 자신들의 기업을 분배받았다.

레위 지파는 야곱의 열두 아들 중 레위의 자손을 의미한다.
야곱의 열두 아들에는 포함되었으나 요셉의 두 아들 므낫세와 에브라임이 각각 한 지파로 여겨지면서 최종 열두 지파에서는 제외되었다. 이스라엘 민족의 제사장(사제)이 된 특수한 지파로서, 모든 제사장은 레위 지파로 구성되었다.
처음에는 레위인과 제사장이 같은 뜻으로 쓰였다. 그러나 제사장이 아론의 직계로 한정되면서부터 다른 레위 지파는 레위인으로 불리어, 제사장 아래에서 종교적 업무에 종사하는 계급을 가리키게 되었다. 다른 지파들과 달리 이들에게는 기업이 주어지지 않았으며 대신 생활을 유지할 수 있도록 하기 위하여 48개의 성읍과 각각의 땅이 제공되었고, 또 국내의 농산물과 가축의 1/10이 주어졌다.

13. 이 산지를 내게 주소서 _(수14:6~12)

여호수아를 묵상하다보니 이런 생각이 든다. '이렇게 피비린내 나는 가나안 정복전쟁을 성경에 기록할 이유가 있을까? 하나님 말씀만 담는 게 옳지 않을까? 이 말씀 속에서 우리나라 역사도 잘 모르는데 굳이 이스라엘이라는 작은 나라, 남의 나라 역사를 살펴볼 이유가 있을까?'

그렇다. 어느 땅을 어떻게 정복하고, 어떻게 나눠 주는 건 별로 중요하지 않을 수 있다. 중요한 것은 이런 상황 가운데 역사하시는 하나님을 발견하는 일이다.

우리에게는 항상 상황이라는 것이 존재한다. '이건 될 것 같은 상황이다', '이건 안 될 것 같은 상황이다', '이건 내 능력 밖 한계 상황이다' 등. 우리는 '상황'이라는 공간을 만들고 예측하고 분석하고 또 포기하며, 도전하기도 한다. 그러나 하나님은 무수한 우리 인생의 상황 속에서 역사하시는 분이시다.

결국, 하나님께서 이스라엘의 피비린내 나는 전쟁사를 기록하신 것은 가나안 정복이라는 민족적 상황 속에서 그분이 어떻게 역사하셨는지 그 가운데 역사하시는 하나님을 발견하게 하시려는 의도가 숨어있다고 생각한다.

하나님은 모든 곳, 모든 상황, 모든 환경 속에서 역사하신다. 국가의 역사적인 사건 속이나, 다양한 문화적 삶 속에서 그리고 소소한 개인적인 삶의 공간 등 안 미치는 곳이 없으신 분이며 여호수아서는 그것을 보여주고 있는 것이다.

우리는 이처럼 다양한 역사 속, 상황 속에서 역사하시는 하나님의 능력을 믿고 나아가면 된다.

1장부터 14장까지의 내용 중에는 우리의 믿음과 신앙이 얼마나 중요한지를 보여주는 대표적인 사건 세 가지가 있다.

그것은 큰 국가적 사건 속에서 소소한 개인이 주제가 되어 기록된 내용 세 가지, 정탐꾼을 여리고 성으로 보냈을 때 하나님의 큰 능력을 믿고 구원해준 기생 라합의 이야기와, 이어 7장에서 전쟁 중 취득한 전리품을 가로챈 아간의 범죄이야기이다. 그리고 세 번째는 오늘 14장 '이 산지를 내게 주소서'의 주인공 갈렙이다.

큰 역사의 물줄기 속에서 너무나 사소해 보이는 세 사람의 행적이 왜 기록되어 있을까?

그렇다. 하나님은 여호수아서를 통해 한 폭의 치열한 전쟁사를 담으려 했던 것이 아니다. 하나님은 당신의 능력이 얼마나 대단한지 보이려 하신 것도 아닌 것 같다.

그것은 라합을 통해 우리가 어떤 믿음을 가져야 하는지를 보여주고, 아간을 통해 우리가 하나님을 속이고 범죄 하는 것이 얼마나 큰 죄악인지 보여주며, 또한 갈렙을 통해 하나님의 말씀을 믿으며 비전을 갖고 나가는 것이 얼마나 중요한지 설명해주고 계신 것이다.

'전쟁' 하면 무엇이 생각나는가? 아마 혼란, 죽음, 비정상적인 면이 떠오를 것이다.

여호수아서는 우리 삶의 전쟁 같은 혼란과 비정상적인 상황 속에서 우리가 어떻게 신앙생활을 해야 하고, 어떻게 믿음을 지켜야 하는지 보여주고 있는 것이다.

갈렙은 45년 동안 묵묵히 여호수아를 도왔던 사람이다. 갈렙 이름의 뜻은 히브리어로 '개' 라는 뜻이며 예전에 우리나라에서 '개똥이, 쇠똥이' 라고 했듯이 갈렙은 별로 고급스럽지 않은 이름이다.

잘 아는 것처럼 갈렙은 모세의 명령을 받아 가나안을 정탐하기 위해 갔던 12명 중 한 사람이었고 유다 지파였다.

유다 지파라면 이스라엘 열두 지파 중에서도 가장 중심이 되는 지파이므로 출신 성분도 좋았다.

민수기 13장 2절에 보면 모세가 가나안을 정탐할 사람을 아무나 뽑지 않았고 각 지파 중 한 사람씩, 족장 된 자 중에 보냈다고 하였는데, 이를 미루어 본다면 갈렙은 유다 지파 중에서도 족장급에 해당되는 꽤 신분이 높은 사람임을 알 수 있다.

또한 갈렙은 나이답지 않은 열정과 비전이 있는 사람이었다. 비록 85세, 백발의 노인이었지만 그의 열정, 꿈과 비전만큼은 멋진 젊은 이와 같았다.

갈렙의 신앙 정신을 본받으면 우리의 믿음, 우리의 신앙은 지금보다 훨씬 더 깊어지고 세련되어질 것이라 생각한다.

오늘 본문 1~5절을 보면, 지도자 여호수아는 지금까지 정복한 요단 서쪽 땅을 제비뽑아 이미 요단 동편에서 땅을 분배 받은 르우벤,

갓, 므낫세 반 지파를 제외한 나머지 아홉과 반 지파에게 분배하고 있었다. 그런데 6절에서 그니스 사람 여분네의 아들 갈렙의 등장. 그는 어떤 사람이었는가?

성실한 사람

20대 중반의 조그마한 회사 사장은 미군 영내 청소를 하청받아 사업을 시작하게 되었고 그는 운전하는 일을 맡았다.

한번은 물건을 싣고 인천에서 서울로 돌아가는 길에 외국 여성이 길가에 차를 세워놓고 난처한 표정으로 서있는 모습이 보였다.

그는 지나치려다가 다시 차를 세운 후, 1시간 30분 동안이나 고생하며 그녀의 차를 고쳐주었다. 그가 고마웠던 여인은 그에게 상당한 금액의 돈을 내놓았지만 그는 돈을 받지 않았다.

"우리나라 사람들은 이정도의 친절은 베풀고 삽니다."

이렇게 말한 그는 주소를 알려달라고 조르는 그녀에게 주소만 알려주고 돌아왔다.

그 다음날, 그녀는 남편과 함께 그를 찾아왔다. 알고 보니 그녀의 남편은 미8군 사령관이었던 것이다. 그녀의 남편은 찾아와 돈을 전달하려 했지만 그는 끝내 거절하며 이야기했다.

"명분없는 돈은 받지 않습니다. 정히 저를 도와주시려면 명분있는 것을 도와주십시오."

그러자 사령관은 그에게 물었다.

"명분있는 것이 무엇입니까?"

"나는 운전사입니다. 미8군에서 나오는 폐차를 내게주면 그것을 인수하여 수리하고 그것으로 사업을 하겠소. 폐차를 인수할 권리를 내게 주시오."

사령관으로서 고물로 처리하는 폐차를 주는 것은 어려운 부탁도, 특혜도 아니었다.

그렇게 사업을 시작한 젊은 사업가는 한국 굴지의 회사로 성장시켰고 그 회사가 바로 오늘날의 대한 항공이며 성실한 기업가 정신을 가지고 회사를 일군 사람이 대한항공 한진그룹의 조중훈 회장이다. 그의 성실함이 오늘날의 대한항공을 만들었다.

최근 갑질논란이란 말이 일상적 관용어가 되어버렸는데, 이른바 '땅콩회항사건'으로 물의를 일으킨 대한항공 조현아 부사장은 조중훈 회장의 손녀딸이 된다. 성실을 쌓아올리는 것은 힘들어도, 허물어 뜨리는데는 한순간인 것 같다.

성실과 신뢰가 기업을 성장시켜나가는 추진력이라 한다면 우리 믿는 자에겐 하나님에 대한 확고한 믿음과 성실성이 우리를 세워갈 추진력이 된다고 말할 수 있다.

갈렙은 어떠한 인물인가? 하나님에 대한 믿음과 성실성을 겸비한 비전의 사람이었다. 또한 갈렙의 성실함은 허튼 데 쓰이지 않고 오직 하나님께로 집중되어 있었고 하나님께로 향하는 충성에 집중되어 있었다.

"내 나이 사십 세에 여호와의 종 모세가 가데스 바네아에서 나를 보내어 이 땅을 정탐하게 하였으므로 내가 성실한 마음으로 그에게 보고하였고" (14:7)

'내가 성실한 마음으로 그에게 보고하였다.'

12명의 정탐꾼 대원으로서 목숨을 걸고 가나안에 숨어 들어가 정탐할 때, 그는 자신의 신앙을 여호수아에게 보여준다. 그렇다면 갈렙의 성실함은 누구에게로 향했는가?

"나와 함께 올라갔던 내 형제들은 백성의 간담을 녹게 하였으나 나는 내 하나님 여호와께 충성하였으므로" (14:8)

'나는 내 여호와께 충성하였으므로'.

갈렙의 성실함은 여호와께 대한 충성으로 이어져 있다. 정탐꾼의 대원으로 모세의 명령을 따라 올라가 성실히 그곳을 탐지하였지만, 그것은 곧 하나님께 대한 충성이었다는 것을 고백하고 있는 것이다.

그런 갈렙에게 하나님은 '네가 밟는 땅은 영원히 너와 네 자손의 기업이 될 것이다' 라는 축복을 허락하셨다.

"그날에 모세가 맹세하여 이르되 네가 내 하나님 여호와께 충성하였은즉 네 발로 밟는 땅은 영원히 너와 네 자손의 기업이 되리라 하였나이다"(14:7~9)

우리도 갈렙과 같이 성실한 마음으로 하나님께 충성해야 한다. 말로만 충성, 봉사가 아니라, 하나님께서 내게 감당하게 하신 일을 잘 감당하길 바란다.

교회는 함께하는 공동체이다. 성도 간에 가장 큰 신뢰는 성실함이다. 어떤 일이든 성실하라.

공부를 할 때도 열심히, 성실히 하라. 사업을 할 때도 성실하게 몰두하라. 직장생활도 성실히 먼저 출근하고 늦게 퇴근하며 아름답게 성장해 가라. 왜 그런가? 다른 어떤 이유보다도 우리는 예수 믿는 자이기 때문에 그렇다.

"저 사람은 예수 믿는다면서 왜 저렇게 게으르지?"

"저 사람은 예수 믿는다고 하면서 늘 거짓말만 해."

이런 이야기를 듣는 것은 곧 주님의 얼굴에 먹칠하는 일과 같다. 열심히, 성실하게 세상을 살아가는 것이 곧 주님께 영광 돌리는 길이 된다는 것을 기억하길 바란다.

그뿐 아니라 예배에 잘 나오는 것도 성실함이며 하나님께 대한 충성, 봉사이다. 전도를 열심히 하는 것도, 봉사 열심히 하는 것도 하나님께 대한 성실함이요, 충성이다. 갈렙의 이런 성실함을 배워야 한다.

강건한 사람

14장에 등장하는 갈렙의 나이는 무려 85세로 그의 육체는 노쇠하였으나 그의 정신, 의지, 영성만은 강한 자였다.

"모세가 나를 보내던 날과 같이 오늘도 내가 여전히 강건하니 내 힘이 그때나 지금이나 같아서 싸움에나 출입에 감당할 수 있으니" (14:11)

사실 갈렙의 45년 전 마흔 살 때, 여리고를 정탐하던 시절과 지금 85세가 된 지금이 같을 수는 없다.

그러기에 당연히 육체적으로 늙고 노쇠한 때였는데 그는 '아직도 내겐 힘이 있다. 강건하다. 얼마든지 더 싸우고, 더 힘써 일할 수 있다'고 말한다.

육체적으로 노쇠했다고 해서 '이 나이에 내가 뭘 해?'라고 생각한다면 그 사람은 정말 노쇠한 것이지만 나이가 들고 몸은 불편해도 '하나님께서 내게 감당하게 하시는 은혜로 내가 할 수 있는 일은 적극적으로 감당하겠다'고 하는 사람은 젊은 사람이다.

결국 마음이 젊다면 누구든 젊은이이다. 열정이 있고 확고한 하나님의 비전을 세워가겠다고 다짐하며 노력하는 사람이 젊은이인 것이다.

갈렙은 85세 노인이었지만, 그의 열정과 의지만은 팔팔한 청년이었다. 당신도 우리 모두도 갈렙처럼 강건한 마음 가져야 한다.

약속의 말씀을 믿고 온전히 좇은 사람

"그날에 여호와께서 말씀하신 이 산지를 지금 내게 주소서 당신도 그날에 들으셨거니와 그곳에는 아낙 사람이 있고 그 성읍들은 크고 견고할지라도 여호와께서 나와 함께하시면 내가 여호와께서 말씀하신 대로 그들을 쫓아내리이다 하니"(14:12)

'그날에 여호와께서 말씀하신 이 산지를 지금 내게 주소서'라는 말은 45년 전에 있었던 한 가지 약속을 근거로 한 말이다.

민수기 14장에 보면, 여호수아와 갈렙의 말을 무시한 채 나머지 열 명의 말만 듣고 애굽으로 돌아가겠다고 떼를 쓴 이스라엘 백성들을 향해 하나님은 진노하셨다.

그리고 하나님께선 여호수아와 갈렙 외에는 모두 광야에서 죽게 될 것이라고 말씀하신다.

"너희 시체가 이 광야에 엎드러질 것이라 너희 중에서 이십 세 이상으로서 계수된 자 곧 나를 원망한 자 전부가 여분네의 아들 갈렙과 눈의 아들 여호수아 외에는 내가 맹세하여 너희에게 살게 하리라 한 땅에 결단코 들어가지 못하리라"(민 14:29~30)

갈렙은 여기에 한 가지 복을 더 받는데, 그것은 24절에 나온 대로 자신이 정탐했던 헤브론 산지를 차지할 것이라는 약속이다. 갈렙은 지금 45년 전에 주셨던 하나님의 약속을 언급한 것이다.

그는 45년이라는 세월 동안 한 번도 하나님의 약속을 잊은 적이 없었다. 그래서 지금 땅을 분배하고 있는 순간에 여호수아에게 찾아와 '이 산지' 즉 헤브론 산지를 자신에게 달라고 요청한 것이다.

갈렙은 하나님께서 이제껏 자신을 생존하게 하시고 45년의 삶을 더 살게 하신 이유가 약속의 땅을 반드시 주실 것이라는 그 말씀 때문이라고 고백했다.

당신도 이러한 믿음을 소유하길 바란다. 약속의 말씀을 의지하길 바란다. 우리가 승리하는 길은 말씀을 의지하는 것뿐이다.

갈렙이 약속한 땅을 달라고 했을 때 그 산지가 거저, 공짜로 얻어지는 땅이었을까? 절대 아니다.

> "…그곳에는 아낙 사람이 있고 그 성읍들은 크고 견고할지라도…" (14:12)

이는 무슨 말인가? 아직 헤브론 산지는 완전히 점령되지 않았고 아낙 사람이라고 부르는 거인 족과 크고 견고한 성읍이 남아 있다는 것이다.

다시 말해 '이 산지를 내게 주소서' 라는 말은 '내 나이 비록 85세이지만 당신이 말한 그 산지를 차지하기 위해 싸우러 나가겠습니다.' 라는 말이며 그곳으로 올라가 그들을 쳐서 정복하고 자신의 땅으로 삼겠다는 말이다.

우리는 갈렙의 이러한 도전 정신을 배워야 한다. 매일 힘들어 하고, 매일 기죽어 있고, 근심과 푸념 속에 살지 말고 어깨를 쫙 펴고 당당하게, 힘차게 살아가자.

젊은이처럼 벌떡 일어서서 싸우러 나가야 한다. 사명과 열정으로 반짝이는 눈빛을 가져야 한다.

다들 '삶은 전쟁이다' 라고 하는데, 사실 무엇이 전쟁인가? 세상을 사는 것, 사실 아무것도 아니지 않는가. 힘들어도 어려움에 처할 때도 있지만, 대부분 평범하지 않은가?

그러니 늘 싸우지 않아도 될 일 가지고 싸우고 대립할 필요 없는 일들로 틀어져 마음이 안 맞는다고, 상처받았다고, 부담스럽다고, 의견충돌이 생긴다고 말한다. 그러나 우리는 그래선 안 된다.

온전히 하나님을 좇아보았는가? 정말로 하나님께 의탁해보았는가? 갈렙은 진실로 온전히 하나님을 좇았다.

"…이는 그가 이스라엘의 하나님 여호와를 온전히 좇았음이라"(14:14)

  답답하게 어영부영 물에 물탄 듯 술에 술탄 듯 하지 말고, 하나님을 의지하며 일어서자. 회색주의자가 되지 말자.
  갈렙처럼 힘들어도, 저 땅을 정복하기 어려운 상황이라 해도 "주님, 내가 가겠습니다. 아직 성성합니다. 적을 쳐부술 수 있습니다. 보내만 주십시오. 반드시 정복하겠습니다" 라는 의지로 나아가자.
  갈렙처럼 믿고 나아가라. 하나님의 능력을 믿고 나아가라.

"내게 능력 주시는 자 안에서 내가 모든 것을 할 수 있느니라"(빌 4:13)

  '이 산지를 내게 주소서' 라는 고백은 자신의 능력에서 나온 것이 아니라 하나님의 능력을 믿는 믿음에서 나온 고백이다.
  우리가 보아야 할 것은 나의 재능이나 나를 도와줄 수 있는 환경이 아니라 하나님의 능력이다. 부정적이고, 불가능하고, 안 될 것 같은 상황이라 할지라도 하나님은 하실 수 있다.
  내게 큰 비전과 목표가 있다면, 기도하라. 그리고 하나님을 믿고 당당히 선포하라.
  하나님께선 분명 우리를 좋은 길로 인도하시고, 내가 목표하고 내가 생각한 것보다 훨씬 더 좋은 것으로 채워주시는 분이시다. 하나님은 그런 분이시다.
  비록 어려운 과정이라 할지라도 혹은 많은 나이와 주변에 핍박과 내 환경의 크고 작은 고난과 어려움이 나를 힘들게 해도 '주님, 정복할 수 있습니다. 당신만이 함께하시면 할 수 있습니다' 라는 믿음의 고백을 가져라.

  갈렙이 달라고 했던 산지 헤브론은 기름진 옥토도 푸른 초원도 아니다. 그러나 갈렙이 그랬듯이 우리 함께 "그곳에는 아낙 사람이 있고 그 성읍들은 크고 견고할지라도 여호와께서 나와 함께하시면 내가 여호와께서 말씀하신 대로 그들을 쫓아내리이다"라는 믿음을 가지고 나아가자.

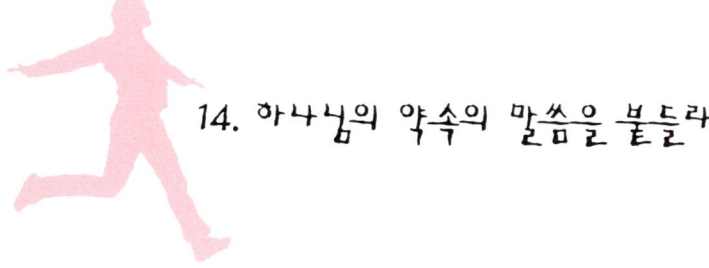

14. 하나님의 약속의 말씀을 붙들라 _(수15:13~19)

　박대통령은 취임 초기에 창조경제의 빅3라고 하는 마이크로소프트사의 빌 게이츠, 페이스북의 마크 주커버거, 그리고 스필버그와 드림웍스라는 영화사를 공동창업한 제프리 카첸버그를 만났다고 한다. 카첸버그는 애니메이션의 대가로 인어공주, 알라딘, 라이언 킹 등으로 디즈니사에서 10배 이상의 매출을 올린 전설과도 같은 인물이다.

　박 대통령은 카첸버그와 환담을 나누다 그에게 뽀로로를 아는지 물었더니 너무 잘 알고 있다고 했단다. 그리고 협력방안에 대해 논의하던 중, 카첸버그는 느닷없이 박 대통령에게 이렇게 말했다.

　"저와 대통령이 공통적으로 가장 사랑하는 게 하나 있는 것 같습니다. 바로 웃음입니다. 대통령께서 방금 웃어주셨는데 그게 세상에서 가장 아름다운 것이라고 생각합니다."

　웃는다는 건 좋은 것이다. 웃는 건 내 주변을 신선하게 만드니 우리 억지로라도 웃자. 주위 사람들을 만나면 아무 말 하지 말고 지그시 그냥 웃어주자. 그것이 가장 아름다운 모습이다.

당신은 무엇을 붙들고 사는가? 무엇으로 인해 웃게 되는가? 다른 것 붙들지 말고 하나님의 약속의 말씀을 붙들기를 바란다.

한 아이가 시험에서 100점을 맞았다. 그리고 아이는 아빠에게 떼를 쓴다.
"아빠, 빨리 스마트폰 사줘."
"그게 무슨 말이야?"
"아빠가 100점 맞으면 스마트폰 사준다고 했잖아."
이 아이는 괜한 떼를 쓰는 게 아니라, 아빠가 했던 약속을 믿고 떼를 쓰고 있다.
성경에서는 하나님께서 우리에게 무엇을 해주시겠다, 무엇을 이루어 주시겠다고 약속하셨다. 그렇다면 우리는 그것을 붙들고 믿고 나아가며 기도하면 된다. 엉뚱하게 세상 것을 붙들 필요는 없다.

"여호와께서 이스라엘 족속에게 말씀하신 선한 말씀이 하나도 남음이 없이 다 응하였더라" (21:45)

우리는 '일점일획도 변함없이 다 응하였더라' 라는 이 약속의 말씀을 붙들면 살 수 있다. 기도할 때도, 약속의 말씀을 붙들고 찬양할 때도 '아멘'으로 말씀을 기억하라. 예배를 드리는 것도 약속의 말씀을 더욱더 공고히 하기 위함이다.
왜 성경을 읽고 배우는가? 그것은 하나님께서 우리에게 어떤 약속을 해주셨는지 알기 위해, 다시 말해 하나님의 약속의 말씀을 의지해 나가기 위함이다.

하나님은 우리에게 주시기로 약속한 말씀은 반드시 성취하시는 분이시다. 우리가 인내를 갖고 믿고 기도하며 나아가면 반드시 내가 원하는 일, 내가 계획하는 모든 것을 약속한 것 그 이상으로 성취해주시는 분이심을 믿고 나아가길 바란다.

이제 정복전쟁이 끝나고 제법 많은 땅을 차지하게 되었다. 지금이야 국제법도 있고, 나라가 나라를 점령하는 시대가 아니지만, 당시엔 족속 간의 전쟁으로 영토를 넓혀갔던 시대였다.

모든 전쟁이 다 그렇겠지만 전쟁에는 방법이 있다. 먼저 점령하고자 하는 곳의 군사시설과 주력부대를 파괴하는 게 우선이며 군사력을 무력화시키면 전쟁은 끝난 것이나 다름이 없다.

여호수아의 전쟁 방식도 이와 같았다. 여호수아와 군인들은 먼저 가나안 땅의 주력부대들을 파괴시킴으로 군사력을 무력화시켰다.

그리고 성읍이 함락되면 진짜 전쟁이 시작되고 이제 함락된 성읍에 분배받기로 한 그 땅 지파 사람들이 달려들어 그 땅에 살고 있는 족속들을 몰아내는 일이 남아 있다.

비록 함락된 성읍 사람들이 날개 잃은 새처럼 웅크리고 있었겠지만 이들 중에는 생존권을 위해 결사항전을 하는 무리들도 많았을 것이다. 그러기에 그들을 몰아내기 위해 또 다시 전쟁을 하게 되는 것이다.

이 역시 만만치 않은 일이다. 그래서 성경을 보면 이미 여호수아가 가나안의 주력부대들을 다 물리쳤는데도 이스라엘 백성들은 가나안 사람들과 맞붙어 싸우는 것을 두려워하였다고 기록하고 있다.

이런 혼란한 상황 속에서, 15장은 가장 먼저 점령한 땅을 분배받은 유다 지파의 땅의 경계가 어디에서부터 어디까지인지, 유다 지파 자손들의 기업이 무엇인지에 대해 상세히 기록하고 있다.

또한 유다 지파에 속한 갈렙이 헤브론과 드빌을 정복한 내용도 15장에 나온다.

이들은 각기 다른 주제인 것 같지만, 여기서 한 가지 공통적인 주제를 찾을 수 있다. 그것은 하나님께서 약속하신 것은 반드시 성취하시는 하나님이라는 사실이다.

그렇다면 우리는 15장을 통해 무엇을 알 수 있는가? 그리고 어떤 교훈을 얻을 수 있는가?

하나님의 약속은 반드시 성취된다

하나님은 시대와 상황 속에서 모든 것을 이끌어 가신다. 그리고 당신이 계획한 시간에 빈틈없이 자신의 뜻을 세워 가시는 분이다.

지금 말씀에 나오는 유다 지파는 가장 먼저 제비를 뽑았고, 가장 넓은 땅을 기업으로 받았다. 이는 유다 지파가 가장 중요한 족속이 될 것이라는 것을 보여주고 있는 대목이다.

"또 유다 자손의 지파가 그들의 가족대로 제비뽑은 땅의 남쪽으로는 에돔 경계에 이르고 또 남쪽 끝은 신 광야까지라" (15:1)

유다 지파는 노른자위 땅을 분배 받았는데, 유다 지파에 포함된 땅이 바로 예루살렘과 베들레헴이었다. 유다 지파가 구속사적으로 아주 중요한 지파라는 걸 금방 알겠는가?

성경에서 예언한 메시아, 예수 그리스도께서 바로 유다 지파, 다윗의 혈통에서 나셨다. 그리고 예언대로 베들레헴에서 탄생하셨다.

유다 지파가 어찌하다 보니 운 좋게 제비를 잘 뽑아서 그 땅을 얻게 된 것이라고 생각할 수 있으나, 그렇지 않다.

과거 유다 지파의 강성함에 대한 하나님의 약속의 말씀이 가나안 점령 이후 이루어진 것이다.

이처럼 하나님은 약속을 이루어 가시는 분이시며 하나님께서는 이미 오래전 야곱을 통해 유다에게 복을 약속하셨다.

"유다야 너는 네 형제의 찬송이 될지라 네 손이 네 원수의 목을 잡을 것이요 네 아버지의 아들들이 네 앞에 절하리로다 유다는 사자 새끼로다 내 아들아 너는 움킨 것을 찢고 올라갔도다 그가 엎드리고 웅크림이 수사자 같고 암사자 같으니 누가 그를 범할 수 있으랴 규가 유다를 떠나지 아니하며 통치자의 지팡이가 그 발 사이에서 떠나지 아니하기를 실로가 오시기까지 이르리니 그에게 모든 백성이 복종하리로다" (창세기 49:8~10)

하나님께서는 이미 오래전 야곱을 통해 유다 지파의 강성함을 약속하셨고, 모든 백성들의 우두머리가 될 것임을 약속하셨다. 그리고 15장은 유다 지파에게 하나님의 약속이 성취되는 장면을 보여주고 있는 것이다.

한 마을에 아주 심한 가뭄이 들어 농작물이 모두 타들어가고, 논바닥은 거북이 등처럼 갈라졌다. 그 마을의 작은 교회 목사님은 주일예배 때 이렇게 선포했다.

"여러분, 오늘 오후예배 때는 하나님께 비를 내려달라고 기도합시다. 믿으면 됩니다. 기도하면 하나님께서 비를 내려주실 겁니다. 모두 오셔서 함께 합심으로 기도합시다."

오후가 되었다. 모두가 열심히 기도했고 기도가 끝나자, 애타게 바라던 소낙비가 쏟아져 내렸다. 많은 성도들은 환호성을 지르며 하나님께 감사를 드렸다.

하지만 아무도 교회 밖으로 나갈 수가 없었다. 다들 우산을 가지고 오지 않았기 때문이다. 정말 비를 주신다고 믿었다면 우산을 가져왔어야 했다.

그때 한 꼬마가 우산을 펼쳐들고 빗속을 가로질러 걸어갔다. 그 꼬마만이 하나님께서 비를 주실 거란 사실을 믿었던 것이다.

약속의 말씀을 믿고 기도하라. 아무리 세월이 흘러도 하나님의 약속은 변하지 않는다. 하나님은 지금도, 바로 이 순간에도 크고 작은 말씀의 약속들을 이루어 가시고 계신다.

우리가 걱정하고 있는 일, 두려워하고 있는 일, 이미 다 해결해 주시기로 약속되어 있다. 믿고 나아가라. 여러분은 단지 조금만 노력하면 된다. 기도하고 간구하면 된다.

하나님은 성경의 약속대로 메시야 되신 예수님을 우리에게 보내주셨고 복음을 주셨다. 이미 약속된 말씀이다.

"이 복음은 하나님이 선지자들을 통하여 그의 아들에 관하여 성경에 미리 약속하신 것이라" (로마서 1:2)

약속하신 것은 반드시 성취해주시는 하나님이심을 믿기 바란다.

약속하신 것보다 더 주시길 원하신다

그렇다. 주시겠다는 것, 딱 그것만 주시는 것이 아니라 풍성히 주시고 후히 흔들어 넘치도록 채워주시는 분이시다. 예수님께서 말씀하셨듯이 내 배에서 '생수의 강이 흘러넘치게' 하신다.

넘치지 않을 만큼만 채워주시는 것이 아니다. 우리 예수님은 넘쳐 흐르도록 채워주시는 풍성한 분이시다.

하나님께서 초과 달성시켜주시는 분이시라는 것은 갈렙과의 약속의 성취에서 볼 수 있다.

'이 산지를 내게 주소서'의 주인공 갈렙. 13~15절엔 유다 지파에 속한 갈렙이 헤브론(기럇 아르바)과 드빌(기럇 세벨)을 정복한 내용이 나와 있다.

"여호와께서 여호수아에게 명령하신 대로 여호수아가 기럇 아르바 곧 헤브론을 유다 자손 중에서 분깃으로 여분네의 아들 갈렙에게 주었으니 아르바는 아낙의 아버지였더라 갈렙이 거기서 아낙의 소생 그 세 아들 곧 세새와 아히만과 달매를 쫓아내었고 거기서 올라가서 드빌 주민을 쳤는데 드빌의 본 이름은 기럇 세벨이라" (15:13~15)

갈렙은 열정과 에너지가 넘치지만 나이가 많은 청년이었다. 그럼에도 그는 조급해 하지 않고 묵묵히 하나님의 약속의 말씀을 기다리며 인내했다. 또한 그는 85세의 나이에도 하나님께서 주시기로 한 땅, 헤브론 정복에 대한 의욕으로 넘쳤다.

그러나 갈렙은 목표치를 달성한 후, 헤브론에 안주하지 않았다. 그 열정과 믿음으로 헤브론 옆에 있는 드빌까지 정복했다.

그리고 헤브론 산지만 주시기로 했던 하나님께선 그에게 드빌까지 허락하셨다.

우리는 목표치를 세우고 그것에 도달되면 됐다라고 생각할 수도 있지만 거기에 안주해선 안 된다. 목표치를 향해 뛰어야 하지만 항상 그 이상을 위해 기도하며 노력해야 하며 무엇이든지 초과 달성해야 한다. 하나님은 그러시기 원하시는 분이시다.

우리는 보통 교회 부흥을 이야기할 때 듣기 좋은 말로 이런 이야기를 한다. "하나님은 숫자에 연연하는 분이 아니셔. 우리 심령의 부흥이 더 중요해"

아니다. 하나님은 지나칠 정도로 정확한 분이며 반드시 분깃 남기길 원하시는 분이다.

달란트 비유를 보면 한 주인이 자신의 종들에게 그 능력에 따라 다섯 달란트, 두 달란트, 한 달란트를 맡기고 떠났고 다섯 달란트 받은 종은 열심히 노력해서 다섯 달란트를 더 남겼다.

그리고 주인은 그를 칭찬했다. 두 달란트 받은 종도 열심히 노력해서 두 달란트를 더 남겼다. 그런데 1달란트 받은 종은 그것을 땅속에 파묻었다가 썩은 내 풀풀 나는 1달란트 그대로 주인에게 드렸다. 그랬더니 주인이 말한다.

"…악하고 게으른 종아 나는 심지 않은 데서 거두고 헤치지 않은 데서 모으는 줄로 네가 알았느냐 그러면 네가 마땅히 내 돈을 취리하는 자들에게나 맡겼다가 내가 돌아와서 내 원금과 이자를 받게 하였을 것이니라 하고 그에게서 그 한 달란트를 빼앗아 열 달란트 가진 자에게 주라" (마태복음 25:26b~28)

우리는 이 비유를 통해 하나님께서는 더 많은 것을 남기기 원하신다는 사실을 알 수 있다. 분깃을 남기지 못한 종을 악한 종, 게으른 종이라고 표현했는데, 하나님은 악한 자를 원하지 않으시고, 게으른 자를 원하지 않으시는 분이라는 것이다.

그래서 교인의 숫자를 계수하는 것도 필요하고 중요하다. 날마다 분깃을 쌓아가는, 수적으로 차고 넘치는 교회가 되어야 한다.

한 기자가 새들백교회 릭 워렌 목사와 나눈 인터뷰 내용이다.

"이제 수만 명이 나오는 교회가 되었는데 이 정도면 되지 않습니까?"

"절대 그렇지 않습니다. 교회는 더 커져야 합니다. 더 많은 영혼이 나와야 합니다. 하나님의 목표치는 모든 족속입니다. 모든 민족이 다 구원받기까지는 이 사역을 멈출 수 없습니다."

갈렙은 약속의 말씀을 달성하기 위해 많은 노력을 했다. 헤브론 성은 견고한 성이었다. 그리고 아낙 자손이라는 거대 자손이 살고 있었는데 이들은 키가 거대하게 큰 족속일 뿐 아니라, 아주 호전적이고 악하고 못된 자들이었다.

어렵지만, 또 두렵지만 갈렙은 하나님의 도우심을 절대로 신뢰했고, 하나님은 반드시 이루시는 분임을 믿었다.

이런 헤브론과 드빌을 정복하는 일은 85세의 갈렙 혼자 이루었을까? 아니다. 어떤 일이든지 혼자 할 수 있는 일은 별로 없다. 여럿이 함께 하는 것이 가장 성경적이다.

그래서 교회 사역은 개인플레이가 아니라, 팀 사역이다. 교회는 혼자 열심히 나와서, 혼자 복 받고, 혼자 은혜 받는 곳이 아니라, 늘 '함께' 하는 곳이라는 생각을 가지길 바란다.

아마도 갈렙은 많은 젊은이들을 키웠을 것이다. 그리고 이들을 전쟁에 투입했다. 드빌 정복에 얼마나 큰 열정이 있었는지, 기럇 세벨 즉 드빌을 정복하는 자에게 자신의 소중한 딸 악사를 주겠다는 약속까지 했다.

"갈렙이 말하기를 기럇 세벨을 쳐서 그것을 점령하는 자에게는 내가 내 딸 악사를 아내로 주리라 하였더니 갈렙의 아우 그나스의 아들인 옷니엘이 그것을 점령함으로 갈렙이 자기 딸 악사를 그에게 아내로 주었더라"(15:16~17)

결국 그의 조카 옷니엘이 그 땅을 점령함으로 악사를 아내로 맞이하게 되었다.

복을 구하게 하신다

갈렙의 딸 악사가 출가할 때 아버지 갈렙은 딸에게 원하는 것이 무엇인지 묻는다. 그때 악사는 복을 달라고 말했다.

"이르되 내게 복을 주소서 아버지께서 나를 네겝 땅으로 보내시오니 샘물도 내게 주소서 하매 갈렙이 윗샘과 아랫샘을 그에게 주었더라" (15:19)

우리, 갈렙의 딸 악사가 복을 달라 요청했던 것처럼 하나님의 복을 요구하자. 그리고 획득하도록 기도하자.

복은 매달리는 자에게 주어진다. 그리고 하나님께서는 많은 약속의 말씀을 주시면서 특별히 엄청나게 큰 복도 약속하셨다.

"너희 조상의 하나님 여호와께서 너희를 현재보다 천 배나 많게 하시며 너희에게 허락하신 것과 같이 너희에게 복 주시기를 원하노라" (신명기 1:11)

축복의 하나님을 믿고 의지하면 승리의 길로 회복시켜 주실 것이다.

인내와 기다림의 중요하다

본문 20절부터는 유다 자손의 기업, 즉 유다 영토 내에 있는 성읍의 이름과 그 성읍의 숫자를 알려주고 있다.

유다 지파는 잘 싸웠음에도 가장 중요한 예루살렘은 정복하지 못했다. 그래서 그곳에 살고 있는 여부스 족속만은 쫓아내지 못해 오늘까지 유다 자손과 함께 예루살렘에 거주하고 있는 것이다.

"예루살렘 주민 여부스 족속을 유다 자손이 쫓아내지 못하였으므로 여부스 족속이 오늘까지 유다 자손과 함께 예루살렘에 거주하니라"(15:63)

여기서 '오늘까지'의 오늘이 언제인가에 대해서는 다양한 견해가 있지만 대부분 학자들은 여호수아 정복전쟁 이후 사사 옷니엘이 활약했던 사사시대에 여호수아서가 기록되었다고 본다.

그렇게 본다면, 쓰인 시기는 대략 B.C. 1370~1330년경으로 볼 수 있으며 이 시기는 여호수아가 여리고를 정복했던 시점에서 대략 50~60년 이상 지난 때로 볼 수 있다.

지금 15절에서는 가장 중요한 땅, 예루살렘은 정복하지 못했다는 것으로 마무리하고 있다.

예루살렘에 살고 있는 여부스 족속이 강력했는지 아니면 예루살렘이 철옹성과 같이 견고했는지는 알 수 없으나 지리적으로 보면 예루살렘 자체가 700~800미터 높이의 고산도시였기 때문에 올라가서 정복하기가 쉽지는 않았을 것이다.

이것을 통해 알 수 있는 것은 아무리 유능한 사람도 한계가 있다는 점이며 그렇기에 어떤 일이든 한정된 짧은 시간에 모든 것을 완전히 마칠 수는 없는 것이다.

모세도 광야에서 죽었다. 그리고 모세를 대신해 여호수아가 힘차게 뛰어갔으나 사력을 다해 뛰었던 여호수아도 완수하지 못한 일들이 많았다.

믿음은, 신앙은 유산이기에 내가 잘 감당하고, 후손에게 잘 교육해서 잘 넘겨주는 것이다.

그러므로 믿는 자에게 필요한 것은 성취보다, 성공보다, 완성하는 것보다 충분한 노력을 기울이면서 인내하고 기다리는 것이다.

우리의 인생, 길어야 100년인데 그 안에 이루어내는 일이 얼마나 되겠는가. 자신이 감당할 일만 감당하면 된다.

우리 각자에게도 역시 하나님의 때는 있다. 앞서 이야기했듯이 이미 하나님께선 우리에게 좋은 것으로 주시기로 다 약속하셨다.

열심히 노력하고 기도하며 그날을 기다리는 일이 중요하다. 너무 늦는 것 같은 생각에 힘들고 지치고 낙심이 될 수도 있다.

하지만 시편 126편 5~6절은 "눈물을 흘리며 씨를 뿌리는 자는 기쁨으로 거두리로다 울며 씨를 뿌리러 나가는 자는 반드시 기쁨으로 그 곡식 단을 가지고 돌아오리로다"라고 했다. 이 역시 얼마나 소망으로 가득한 말씀인가!

소망을 가지고 인내하며 약속의 말씀을 믿고 나아가야 될 줄로 믿는다.

5장 순종하며 마무리하기 *(Finish)*

"바라는 게 무엇인가? 무엇을 원하는가?
진정 하나님께 순종의 삶을 살았다면 하나님께 당당하게 요구하라."

15. 순종을 다했다면 당당히 요구하라
_ 순종의 힘(수21:1~3, 22:1~6)

여호수아서를 크게 몇 부분으로 나눠본다면, 1~12장까지는 가나안 정복에 대한 이야기와 에피소드, 13~21장까지는 차지한 땅을 이스라엘 12지파에게 분배하는 내용과 에피소드로 나눠볼 수 있다.

특히 20장에서는 부지중에 살인한 자를 보호하기 위한 도피성을 설정하는 내용, 그리고 21장에서는 땅 분배에서 제외되었던 레위지파에게 48개의 성읍과 가축 먹일 들을 분배하는 장면이 나온다.

또한 마지막 22~24장은 두 지파 반의 군사들의 귀향과 여호수아의 고별설교로 되어 있다.

그중 21장은 지금 레위 사람들의 성읍과 목초지를 분배하는 장면인데 참으로 중요하고 필요한 부분이 많아 나누어보고자 한다.

얼마 전 나는 종합 건강 검진을 하러 병원에 갔다. MRI, 엑스레이, 심전도, 운동 부하 검사, 경사도 검사 등 여러 가지 검진을 받았고 다행히 결과는 잘 나왔다.

몇 가지 주의사항을 전달받은 나는 가벼운 마음으로 돌아왔다.

그런데 검사비가 25만원 정도 나왔더라. 그렇게 많은 검사를 하고도 이 정도라니, 새삼 우리나라 의료시설이 좋아졌다는 걸 느꼈다. 그리고 이 비용조차 가입해뒀던 보험회사에서 100% 보장해주기 때문에 사실 내가 지불한 돈은 전혀 없었다.

처음에 아내가 나를 위해 보험을 든다고 했을 땐, '왜 쓸데없이 보험을 드냐' 며 말렸었는데, 막상 보험을 들어 놓으니 이렇게 톡톡히 덕을 보게 됐다.

그리고 얼마 후, 나는 병원에서 진단받은 지 2달이 넘은 후에야 아직 보험회사에서 병원비를 지불하지 않았다는 걸 알았다. 그것은 보험회사의 잘못이 아니라 내 잘못이었다.

내가 바쁘다 보니 보험회사에 보낼 진단서를 보내지 않았던 것이다. 그것만 받아서 제출하면 되는데 말이다.

물론 그 후 얼른 다녀와서 잘 처리했지만 내가 충분히 받을 수 있음에도 받지 못하는 것처럼 우매한 일이 없을 것이다. 실제로 라디오 프로그램에서 보험전문가가 나와 하는 말이, 비싼 보험료를 내놓고도 몰라서 받지 못하는 보험료가 너무 많다고 한다.

보험료만 해당되는 이야기는 아는 듯하다. 우리가 신앙생활을 할 때 정말 하나님의 뜻대로 살고 철저히 하나님께 순종했다면, 늘 봉사하고, 늘 기도하고, 늘 말씀으로 채우며 예수님을 믿는 자로서의 맡은바 사역에 충실했다면, 하나님께 내 유익을 당당히 요구하라.

하나님께 순종을 다하였는가? 열심히 봉사 했는가? 자신이 있다면 요구하라.

힘써 순종을 다했다면 당당하게 내 것을 요구하라

이유가 보험회사 약관에 타당하다면 그에 합당한 보험금이 나오듯 하나님께서도 나의 헌신과 나의 노력과 나의 눈물을 확인했을 때, 반드시 주시는 분이시다.

지금 21장에서 레위 지파는 하나님께 힘을 다해 순종했기에 하나님께서 주시기로 약속한 거주할 성읍, 가축을 기를 목초지를 달라고 당당하게 요구한다.

"그때에 레위 사람의 족장들이 제사장 엘르아살과 눈의 아들 여호수아와 이스라엘 자손의 지파 족장들에게 나아와 가나안 땅 실로에서 그들에게 말하여 이르되 여호와께서 모세에게 명령하사 우리가 거주할 성읍들과 우리 가축을 위해 그 목초지들을 우리에게 주라 하셨나이다 하매" (21:1~2)

정복전쟁이 끝난 후 레위 지파 족장들이 제사장 엘르아살과 여호수아와 이스라엘 지파 대표자들에게 나아왔다.
그리고는 "우리는 정말 하나님께 순종했고, 성실히 명령에 순복했으니 하나님이 모세에게 약속한 우리가 거주할 성읍과 목초지를 주십시오."라고 당당하게 요구하고 있다.
레위 지파가 그렇게 성읍과 목초지를 달라고 요구하니, "이스라엘 자손이 여호와의 명령을 따라 자기의 기업에서 이 성읍들과 그 목초지들을 레위 사람에게 주니라"고 했다.
정말 하나님께 충성, 봉사 하였는가? 열심히 매달렸는가? 그렇지 못하고 아쉽게 하루하루를 보내고 있다면 지금부터 다시 새롭게 시작하자. 다시 시작하는 것이 중요하다.

말씀대로 살지 못했는가? 다시 말씀대로 살면 된다. 기도생활을 하지 못했는가? 다시 무릎을 꿇고 기도하면 된다.

교회에 충성하지 못하고 봉사하지 못했다면 다시 충성하고 봉사하면 된다. 다시 시작하라. 다시 시작하면 된다.

당신이 정말 하나님께 철저히 순종했다면 당당하게 요구하라. 순종에는 힘이 있다. 아무 노력도 하지 않고, 내 기준으로만 '주시옵소서' 기도한 후, '다했으니 이젠 주십시오'라고 한다면 결코 얻지 못할 것이다.

레위 지파는 하나님께서 특별히 구별된 지파로 세우셨다. 이스라엘 백성들이 홍해를 건너 시내 산에 이를 때(민 3:40~48) 모세는 이스라엘의 모든 지파의 처음 난 남자 1개월 이상 된 자를 계수하여, 그와 같은 수의 레위인을 하나님께 돌리라고 명령했다.

처음 난 맏자식이 한 가정의 대표임을 의미한다면 레위 지파는 한 가정의 대표자이자, 전 이스라엘 백성들의 영적 대표임을 상징한다. 그 지파 중에서 아론의 자손들이 제사장이 되었고, 그 가문의 장남은 계속적으로 대제사장이 되었다(민 3:4). 또한 그 밖의 레위 자손들은 성전의 일을 돕게 했다.

이들 레위 지파의 가장 큰 특징은 사유 재산이 허락되지 않았다는 것이다. 그래서 그들에게는 땅을 주지 않았고 다른 지파들은 모두 한 지역에 모여 살았지만, 레위 지파는 전국에 흩어져 살게 했다.

지금 21장 본문에선 레위 지파들이 전국에 골고루 흩어져 있는 성읍을 분배받는 장면이 나온다.

그리고 이들은 도피성 6개를 포함한 48개의 특별히 지정된 장소에서 살게 되었다.

그냥 어떻게 하다 보니까 이렇게 전국적으로 흩어져 살게 된 것이 아니다. 모든 것은 하나님의 약속의 말씀과 그 말씀의 성취로 이루어지고 있다.

이들을 곳곳으로 흩은 것은 바로 야곱이 예언한 "내가 그들을 야곱 중에서 나누며 이스라엘 중에서 흩으리로다"(창 49:7)라는 말씀이 하나님 뜻대로 성취된 것이다.

이렇게 전국 각지에 골고루 레위 지파를 흩으셔서 이스라엘 전역에 하나님의 율법과 하나님의 공의를 실행하고 하나님의 거룩한 영향력을 미치게 하시기 위한 하나님의 섭리였다.

오늘날의 교회를 빗대어 볼 때, 레위 지파는 교회의 중심축이 되는 리더 같다. 리더들이 잘 이끌지 못하면 교회는 혼란에 빠지고, 방향 없이 초점이 흐려지기 때문에 한 방향을 보고 나가야 갈 수 있다.

당신은 지금 무엇을 보고 있는가. 혹여 너무 많은 것을 보고 있지는 않는가? 한 방향, 한 가지로 나가야 빨리 갈 수 있다.

요즘 사람들은 자신의 월급으로 생활비를 충당하기 어려워 일명 투 잡, 쓰리 잡을 한다.

그런데 레위 지파는 다른 어떤 것에도 곁눈질하지 않고, 오직 하나님께 향하는 예배, 제사에만 신경 썼다. 그런 집중력으로 각각 흩어진 위치에서 이스라엘 백성들을 깨우쳤다.

우리에게도 이러한 집중력이 필요하다. 곁눈질하지 말고 한 방향, 한 가지 목표만 바라보며 나가자.

또한 레위 지파는 철저히 하나님께 순종했다. 그리고 48개 성읍과 목초지를 받았다.

레위 지파별로 분배받은 성읍을 간략하게 살펴보면, 그핫 자손 중 아론 자손에게 유다, 베냐민, 시므온 지파 중의 13개 성읍(21:4, 8~19), 남은 그핫 자손에게 에브라임, 단, 므낫세 반 지파 중의 10개 성읍(수 21:5, 20~26), 게르손 자손에게 동편 므낫세 반 지파, 잇사갈, 아셀, 납달리 지파 중의 13개 성읍(21:6, 27~33), 므라리 자손에게 스불론, 르우벤, 갓 지파 중의 12 성읍(21:7, 34~40)이 주어졌다.

우리, 레위 지파처럼 철저히 순종하고 당당히 받아내자. 직분자로서, 리더로서 자신에게 주시는 하나님의 귀한 성읍을 받아내자.

하나님으로부터 위임받은 리더에게도 순종해야 한다

22장 1~6절을 살펴보면 여호수아는 모든 정복전쟁이 끝나자 요단 동편 땅을 분배받은 르우벤과 갓, 므낫세 반지파의 용사들을 자신의 고향으로 돌려보내기에 앞서 르우벤, 갓, 므낫세 반 지파에게 위로와 권면의 말을 하고 또한 이제 돌아갈 땅에서 어떻게 살아야 하는지를 명령했다.

"그들에게 이르되 여호와의 종 모세가 너희에게 명령한 것을 너희가 다 지키며 또 내가 너희에게 명령한 모든 일에 너희가 내 말을 순종하여 오늘까지 날이 오래도록 너희가 너희 형제를 떠나지 아니하고 오직 너희의 하나님 여호와께서 명령하신 그 책임을 지키도다" (22:2~3)

여호수아의 말로 미루어 볼 때 이 두 지파 반, 즉 르우벤, 갓, 므낫세 반 지파 용사들은 어떠했나? 먼저 모세가 명령한 율법을 다 지켰다고 말한다.

모세의 율법은 하나님께서 친히 제정하신 것이기에 모세 율법을 지켰다는 것은 곧 하나님의 명령을 지키고 순종했다는 말이다. 여호수아는 "내가 너희에게 명령한 모든 일에 너희가 내 말에 순종하여"라고 했다.

다시 말해 이 지파들은 어렵고 힘든 전시 상황 속에서도 철저히 하나님 말씀에 순종하였고, 하나님께서 친히 리더로 세우신 여호수아에게도 그 명령을 철저히 따르고 순종했다는 말이다.

물론, 순종은 오직 하나님께만 하는 것이다. 하지만 하나님의 사역을 이루시기 위해 하나님은 우리 가운데 리더를 세우셨고, 직분자를 세우셨다. 즉 하나님 명령을 위임받은 리더에게도 역시 순종해야 한다는 것을 말해주고 있다.

우리는 교회의 목사에게 순종해야 한다. 이것은 목사 개인의 사적인 부분에 순종하라는 것이 아니라 하나님께서 세워주시는 비전과 방향을 위임받은 리더로 인정하고 순종하여 나가라는 것이다.

또한 교회 각 조직들이 있다. 그 조직의 장들, 각부 회장이나 임원들, 구역장으로 세웠다면 그 구역장에게 순종해야 한다.

어떤 팀장이든지 어떤 리더이든지, 교회에서 일관된 비전을 이루기 위해서는 반드시 리더들에게 순종이 있어야 한다.

순종은 뿌리를 더욱더 견고하게 내리는 일이다. 우리의 중심 뿌리부터 탄탄하지 않으면 교회는 와해되고 무너진다.

한 존경받는 목사님이 계셨다. 설교할 때 얼마나 열정이 넘치는지 정말 불도저같이 사정없이 밀어붙이시는 목사님이셨다. 많은 목회자들과 성도들이 그 목사님의 열정으로 힘을 얻곤 했다.

그런데 어느 날 그 목사님이 갑자기 교회를 접게 되었다. 개척 몇 년 만에 100명의 고지를 점령해서 다들 기적적인 부흥이라고 말했는데 많은 사람들은 모두 어떻게 된 건지 정말 알 수 없었다.

그런데 알고 보니 이유는 두 가지였다. 첫째, 성전을 잘못 이전하면서 문제가 생겼고 둘째, 신천지가 흔들어 놓았다.

이는 교회가 목적한 방향대로 가기 위해선 '숫자가 아니라 뿌리가 중요하다' 라는 걸 새삼 절실히 깨닫게 한다.

왜 신천지에게 넘어가는가? 이들은 계획하고 덤벼드는 자들이다. 계획하고 덤벼들면 무방비 상태에선 당할 수밖에 없다.

뿌리가 약하면 뽑히기 마련이다. 그래서 배워야 하고 교육받아야 한다. 아무리 내가 집사이고, 권사이고, 장로라 해도 뿌리를 내리지 못하는 나무는 잡아 뽑으면 순식간에 뽑힌다. 우리는 배움에 열심을 내야 한다.

르우벤, 갓, 므낫세 반 지파는 "우리는 형제를 떠나지 않고 하나님께서 명령하신 것을 책임지고 다 지켜 행했다."고 고백하고 있다. 이는 책임감을 말하고 있는 것이다.

우리 또한 믿는 자로서 책임감을 가지고 배우자.

하나님께 향한 순종은 계속되어야 한다

이제 전쟁이 모두 끝나고 르우벤, 갓, 므낫세 반 지파들의 용사들이 각각 분배받은 자기 고향으로 돌아간다.

이들이 분배받은 곳, 즉 요단강을 기준으로 우편 지역, 동편 지역으로 이동해야 했는데 이들은 돌아가서 그들의 정착지, 그들의 삶의 터전에서 무엇을 해야 할까? 돌아간 후에도 하나님께 순종해야 한다. 이것이 올바른 신앙의 모습이다.

"오직 여호와의 종 모세가 너희에게 명령한 명령과 율법을 반드시 행하여 너희의 하나님 여호와를 사랑하고 그의 모든 길로 행하며 그의 계명을 지켜 그에게 친근히 하고 너희의 마음을 다하며 성품을 다하여 그를 섬길지니라" (22:5)

'명령과 율법을 반드시 지켜 행하라. 여호와를 사랑하고 그뿐 아니라, 그 길로 행하라' 라고 말씀하고 있다.

교회에는 여러 가지 장·단기 사역들이 있다. 그 사역을 행할 때에도 순종이 있어야 하고, 주님의 귀한 사역을 다 마친 후 본래 일상의 모습으로 돌아갈 때에도 하나님께 대한 순종이 있어야 한다는 것이다.

결국 하나님께 향한 순종은 모든 사역의 시작과 끝이고, 평생 갖춰야 할 믿음의 자세이다.

16. 오해와 갈등, 이렇게 해결하라 _(수22:30~34)

많은 사람들이 예수님의 십자가를 메고 천국을 향해 가고 있었다. 그런데 어떤 한 사람이 무거운 십자가를 메고 가다보니 너무 힘이 들더란다. 그는 하도 힘이 들어, "예수님, 반드시 십자가를 메고 가야 합니까? 그래야 한다면 내 십자가가 너무 무거우니 조금만 가볍게 잘라주세요." 라고 했다.

그러자 예수님은 십자가를 잘라주셨고 이제 한결 나아지겠다라고 생각하며 걸어가는데 그는 여전히 십자가가 무거웠다.

또 힘이 들기 시작했다. 그래서 예수님께 조금만 더 잘라달라고 부탁했고 예수님은 말없이 또 십자가를 잘라주셨다.

아니 근데, 이제 십자가 많이 가벼워졌다고 생각했는데 그것도 잠시, 그조차 또 힘들어지기 시작했다. 그래서 또 예수님께 부탁한다. "예수님, 좀 더 잘라주세요. 너무 무겁습니다." 그러자 예수님은 또 다시 무거운 십자가를 잘라주셨다.

그리고 드디어 바로 그의 눈 앞에 천국이 보이기 시작했다. 그러나 강을 건너야 갈 수 있는 그곳에 다리가 없어 가지 못하고 있었다.

그래서 주위를 둘러보니 다들 자기가 메고 온 십자가를 강에 걸쳐 놓고 건너가고 있는 것이다. 그런데 그의 십자가는 너무 짧아서 강에 걸쳐놓을 수가 없었다. 힘들고 어려울 때마다 예수님께 십자가를 잘라 달라고 했기 때문이었다.

이 예화가 우리에게 주는 교훈은 무엇일까? 그것은 어렵고 힘들더라도 주님의 일, 주님의 사역 잘 감당하자는 것이다.
그런데 이 예화가 좀 부족한 면이 있는 것 같아 잘린 십자가 이야기 2편을 지어봤다.

그는 자신의 십자가가 너무 짧아 강을 건널 수 없게 되자, 그 자리에 주저앉아 울고 있었다. 그리고 그때 주님이 다가오셨다.
"왜 울고 있니?"
"주님, 제가 십자가를 너무 많이 잘라 달라고 하다 보니 천국을 건너갈 수가 없게 되었습니다. 예수님, 제 잘못인 것은 알지만 예수님은 분명 이런 줄 아셨으면서 왜 십자가를 잘라주셨나요? 천국 못 갈 거라는 걸 뻔히 아시면서 왜 그 십자가를 자르셨나요?
귀띔이라도 해주셨어야지요. 그래도 나는 당신의 길을 걸어왔고, 믿음을 지키려 했잖아요."
그때 예수님이 다가오셔서 웃으시며 "아들아, 다 안다. 그래서 네가 잘라 달라고 했던 그 잘린 십자가를 한 조각도 버리지 않고 내가 들고 왔다. 자, 여기 보렴. 여기 못과 망치가 있으니, 이 잘라냈던 십자가 조각을 다시 붙이자." 결국 그는 십자가를 다시 붙여 무사하게 천국에 들어갈 수 있었다.

우리는 누구 한 사람도 예외 없이 늘 '주님, 이 십자가를 잘라주세요. 가볍게 해주세요.' 라고 요구한다.

하지만 예수님께선 설령 십자가를 잘라냈다 하더라도 그 잘린 십자가를 모두 들고 오시는 분이시다.

우리는 예수님께 우리가 멘 십자가를 잘라 달라고 하지 말고 감당해 나가기를 소망한다. 흩어지지 말고 뭉치자. 하나님께서 새롭게 세워주실 것이다.

여호수아가 요단 동편의 자기 살 길을 찾아 떠나는 르우벤, 갓, 므낫세 반 지파를 불러 "오직 여호와의 종 모세가 너희에게 명령한 명령과 율법을 반드시 지키고, 계명을 지키고, 마음을 다하고 성품을 다하여 그를 섬기라"고 권면하고 르우벤, 갓 므낫세 반 지파를 축복한 후 보냈다.

요단 강 줄기를 기준점으로 볼 때, 우편 즉 동편을 상중하로 삼등분한다면 아랫동네 땅이 르우벤 지파 땅이다. 그리고 중간이 갓 지파의 땅, 제일 위쪽 북동쪽 땅이 므낫세 반 지파의 땅이다. 이들은 분배받은 땅을 향해 나아갔다.

그런데 오늘, 이들이 분배받은 땅을 향해 가다가 요단 강 너머 언덕 가에 이르러 그곳에 큰 제단을 쌓았다고 기록하고 있다. 그리고 이것은 분쟁의 사건이 되었다.

"르우벤 자손과 므낫세 반 지파가 가나안 땅 요단 언덕 가에 이르자 거기서 요단 가에 제단을 쌓았는데 보기에 큰 제단이었더라" (22:10)

요단 강 언덕에 제단을 쌓은 것을 보고 이스라엘의 다른 지파들은 화가 났는데, 화가 난 이유는 크게 두 가지로 살펴볼 수 있다.

먼저는 이들이 제단을 쌓아서 다른 우상을 섬기는 것이 아닌가 생각했다. 그리고 만약 그 제단이 여호와를 위한 제단이라면 자기들끼리 따로 제사 드리겠다는 것으로 볼 수 있으므로 이것 역시 신앙 공동체의 모습을 깨는 행동이라 생각을 했던 것이다.

무엇보다 이스라엘 지파들은 두 지파 반이 따로 제단을 쌓았다는 사실을 알고 과거 하나님께 범죄 함에 대한 징벌이 떠올라 겁이 나서 분노했던 것이다.

이들은 하나님께 지은 죄로 인해 얼마나 큰 민족적인 시련이 임했는지 몸소 체험했다. 하나님의 기적 같은 역사하심으로 엄청난 여리고를 와르르 무너뜨리고 또 사기충전한 후, 아이 성을 점령하러 가는데 패배했다.

이것은 마치 세계 최강의 미국이 아프리카의 에티오피아 같은 나라와 싸워 패한 것과 똑같다. 고작 몇 천 명밖에 안 되는 아이 성에 참패를 당하고 돌아왔다. 그리고 원인을 살펴보니, 하나님께선 세리 자손 아간이 전리품을 슬쩍했던 것에 분노하시고 징벌을 내리신 것이었다.

또한 17절에 '브올의 죄악'이라는 표현이 나오는데, 이들은 이스라엘 백성들이 모압 여자들과 음행하고, 우상을 숭배한 결과 이스라엘 백성들 중 무려 24,000명이 죽었던 바알브올 사건을 여전히 기억하고 있었던 것이다.

이들은 하나님께 죄를 범하고 우상을 섬긴 죄의 대가가 무엇인지 누구보다 잘 알았기에 제단을 쌓는 것을 아주 민감하게 받아들일 수

밖에 없었다.

　이것은 마치 '자라 보고 놀란 가슴 솥뚜껑 보고 놀란다' 라는 속담과 딱 어울리는 상황이다.

　그리하여 화가 많이 난 이스라엘 대표단들은 그곳 두 지파 반에게 몰려간다. 그 수가 어느 정도였냐 하면 '저들과 맞서서 싸우러 갔다' 라고 표현할 정도였다.

"이스라엘 자손이 이를 듣자 곧 이스라엘 자손의 온 회중이 실로에 모여서 그들과 싸우러 가려 하니라" (22:12)

　신앙생활을 하다 보면 때로는 우리가 하나님의 일을 더 잘하려는 열심 때문에 싸우기도 한다. 마찬가지로 이스라엘 지파 대표자들 즉, 각 지파에서 한 지도자씩 열 지도자들과 각 가문의 수령들이 길르앗 땅에 가서 르우벤, 갓, 므낫세 반 지파에게 항의했다. 왜 너희는 하나님께 범죄 하는 행동을 하느냐 말이다.

"여호와의 온 회중이 말하기를 너희가 어찌하여 이스라엘 하나님께 범죄하여 오늘 여호와를 따르는 데서 돌아서서 너희를 위하여 제단을 쌓아 너희가 오늘 여호와께 거역하고자 하느냐 브올의 죄악으로 말미암아 여호와의 회중에 재앙이 내렸으나 오늘까지 우리가 그 죄에서 정결함을 받지 못하였거늘 그 죄악이 우리에게 부족하여서 오늘 너희가 돌이켜 여호와를 따르지 아니하려고 하느냐 너희가 오늘 여호와를 배역하면 내일은 그가 이스라엘 온 회중에게 진노하시리라" (22:16~18)

이들은 한 민족이며 하나가 되어 가나안 족속들을 물리치고 그 땅을 점령한 전승의 동지들이다. 다시 말해 이들은 같은 편이다. 그러나 똑같이 여호와 하나님을 섬기는 신앙 공동체 안의 그룹들, 믿음의 식구인데도 싸우려 한다.

이 모습은 바로 오늘날 교회 안에서 믿는 자들 사이에 생기는 무수한 싸움과 논쟁의 모습과 다르지 않다.

우리는 하나님의 사역을 함께 이루어가고 있다 해도, 서로의 생각이 다르고 관점이 다르고 일의 추진 방향에 대한 견해가 모두 다르기 때문에 심한 갈등이 생기면 걷잡을 수 없는 방향으로 흐르기도 한다.

언젠가 인터넷을 통해 모 교회의 분쟁을 넘은 성도들 간에 싸우는 모습을 봤는데 참 분노가 치밀더라.

교회의 목사와 주요 동조자들이 합세하여 합법적이지 못한 방법으로 교회를 팔아넘기게 되었는데, 그것을 반대하는 그룹이 이에 반발하여 싸움이 일어난 것이다.

목사는 성도들에게 "사탄아, 물러가라"고 하며 말도 안 되는 폭언을 한다. 또 반대파 성도들은 "이사 가려면 이제껏 헌금한 돈 내놔라" 하면서 서로 싸운다. 얼마나 낯 뜨겁고 부끄럽던지…. 이는 결코 선한 싸움이 되지 못한다. 왜 이 지경이 되었는가? 이는 합법적이지 못한 방법으로 교회를 매각했기 때문이다.

따져 보면 단순하다. 다른 이유를 제치더라도 이런 모습은 교회의 이권 싸움이요, 교회 세속화의 병폐라 생각한다.

교회 사역은 여럿이 함께 한 가지 목표를 위해 나아가는 것이다. 그런데 사람마다 성격, 성향, 취향, 일을 추진해나가는 방법도 다양하다. 물론 대부분은 이런 다양성에도 불구하고 개인이든 집단이든 합력해서 삐걱거림 없이 나가기도 하지만 반대로 마음이 안 맞고, 성향이 안 맞아 서로 갈등하며, 분쟁하고 다투는 예도 참 많다.

성경에도 이런 다툼의 모습이 나타난다. 대표적인 예로 바울과 바나바의 다툼을 들 수 있다. 바울은 아주 칼 같은 성격으로 주관이 확실한 사람이다. 그런데 바나바는 어떤가? 그는 부드러운 격려와 위로의 사역자였다.

바울과 마가요한이 선교 여행을 가던 중, 마가요한이 도중에 돌아가버렸다.

"아니, 어떻게 하나님의 귀한 사역을 감당하면서 힘들다고, 사정이 있다고 그냥 돌아갈 수 있느냐? 말이 안 된다."

바울은 주님의 귀한 사역을 망각한 마가와 다시는 같이 가지 않겠다고 말하고 그런 바울에게 바나바는 데리고 가자고 하며 티격태격했다.

"바울은 밤빌리아에서 자기들을 떠나 함께 일하러 가지 아니한 자를 데리고 가는 것이 옳지 않다 하여 서로 심히 다투어 피차 갈라서니…"(사도행전 15:38~39a)

성경은 바울과 바나바가 마가요한의 문제를 놓고 심히 다투었다고 기록하고 있다. 그리고 "바나바는 마가를 데리고 배 타고 구브로로 가고 바울은 실라를 택한 후에 형제들에게 주의 은혜에 부탁함을 받고 떠나 수리아와 길리기아로 다니며 교회들을 견고하게 하니라"(15:42)라고 기록한다.

　결국 바울과 바나바 역시 헤어지게 되었고 바나바는 마가와 구브로로, 바울은 실라를 택하여 수리아와 길리기아로 선교 여행을 떠나게 되었다.

　여기서 중요한 것은 이들이 비록 다툼으로 서로 헤어졌으나 서로가 교회들을 더욱 견고하게 했다는 점이다.
　분쟁 가운데에서도 하나님의 선한 사역은 지속되었을 뿐 아니라, 교회는 더더욱 부흥 성장하여 더욱 견고하게 되었다고 성경은 기록하고 있다.
　이들 사이에 갈등은 있었지만, 아름답게 회복하는 모습을 볼 수 있다. 그리고 후에 바울은 마가를 자신의 둘도 없는 동역자라고 표현하기도 했다.
　그렇다면 교회 안에 갈등이 생겼을 때 우리는 어떻게 처신하고 해결해야 할까?

갈등의 원인 제공자는 그 사안에 대해 충분히 이해시킨다.
　본문에서 일종의 원인 제공자였던 두 지파 반은 21~29절에 자신들이 단을 쌓은 이유를 충분하게 설명하고 해명하고 있다.

　논쟁을 위한 논쟁은 더 큰 논쟁을 낳기 마련이다. "내가 이 사안만큼은 반드시 관철시킬 것이다. 난 이거 아니면 아니다." 같은 꽉 막힌 생각을 고수한다면 일은 절대 풀리지 않는다.

교회 일과 사역에서 일이 안 풀릴 때는 그 자리에서 멈춰야 한다. 그리고 풀리지 않는 시점에서 기도해야 한다. 충분히 기도했는데도 충돌이 일어난다면 거기서 또다시 멈춰야 한다. 그리고 또 합심하여 그 문제를 놓고 기도해야 한다.

그렇게 기도했는데도 하나님이 어떤 확신을 주시지도 않고 여전히 합의가 안 된다면 그 사안의 결정은 일단 거기까지이다.

기도해도 안 된다고 하는 것은 아직 그 사안을 처리하기 이르다는 것과 같다.

우리는 반드시 하나님이 원하시는 일인가를 먼저 생각해야 한다. 그리고 모든 기준은 하나님께서 원하시는 일이었는지에 초점을 맞춰 행해야 한다.

또한 하나님의 일을 행할 때, 성경적인 타당한 근거를 분명히 세우고, 그 근거가 합리적인지 판단하며 실천해야 한다. 르우벤, 갓, 므낫세 반 지파는 그 제단을 만든 이유에 대해 설명했다.

"전능하신 자 하나님 여호와, 전능하신 자 하나님 여호와께서 아시나니 이스라엘도 장차 알리라 이 일이 만일 여호와를 거역함이거나 범죄 함이거든 주께서는 오늘 우리를 구원하지 마시옵소서 우리가 제단을 쌓은 것이 돌이켜 여호와를 따르지 아니하려 함이거나 또는 그 위에 번제나 소제를 드리려 함이거나 또는 화목제물을 드리려 함이거든 여호와는 친히 벌하시옵소서" (22:22~23)

그들이 제단을 만든 것은 여호와를 거역함이 아니라고 말한다. 만약 그런 의도였다면 천벌을 받겠다고 공언했다. 그렇다면 왜 제단을 쌓았다고 말하는가.

제단을 쌓은 이유에 대해서도 분명하게 설명한다.

"우리가 목적이 있어서 주의하고 이같이 하였노라 곧 생각하기를 후일에 너희의 자손이 우리 자손에게 말하여 이르기를 너희가 이스라엘 하나님 여호와와 무슨 상관이 있느냐 너희 르우벤 자손 갓 자손아 여호와께서 우리와 너희 사이에 요단으로 경계를 삼으셨나니 너희는 여호와께 받을 분깃이 없느니라 하여 너희의 자손이 우리 자손에게 여호와 경외하기를 그치게 할까 하여"(22:24~25)

그들이 단을 쌓은 목적은 자신들의 후손이 세월이 흐름에 따라 하나님에 대한 신앙에서 멀어지는 것을 막고 요단 서편 지파와 민족적 연대의식을 상실하지 않도록 하는 데 있었다고 설명한다.

제단을 쌓은 이유가 "너희 자손들이 우리에게 와서 우리는 여호와 하나님을 믿고 경외하는데 너희는 하나님과 무슨 상관이 있느냐? 너희는 하나님과 아무 상관이 없다. 너희는 여호와께 받을 분깃이 없다 라고 말하며 너는 아무 족보도 없는 지파니 하나님께 경배도 하지 말고, 예배도 하지 말라."고 할까봐 그 증거로 제단을 쌓았다는 것이다.

사실 서편과 동편은 구분될 수밖에 없는 지리적 특성을 가지고 있다. 서편은 산악 지대, 높은 고원 지대였고, 동편은 주로 평지였고 그러다보니 동편, 서편이 확연히 구분되어 있었다.

저들이 물어올 때, 그 제단의 모형을 보여주며 이것은 제사를 위한 것이 아니라 우리 역시 너희 지파와 마찬가지로 하나님을 믿고 경외하는 지파라는 증거를 보여주기 위함이라 말했다.

"우리가 말하였거니와 만일 그들이 후일에 우리에게나 우리 후대에게 이같이 말하면 우리가 말하기를 우리 조상이 지은 여호와의 제단 모형을 보라 이는 번제를 위한 것도 아니요 다른 제사를 위한 것도 아니라 오직 우리와 너희 사이에 증거만 되게 할 뿐이라" (22:28)

분쟁에 있어서 무엇보다 중요한 것은 상대방이 알아듣도록 이해시키는 것이다.

교회에서 논쟁이 생기고 싸움이 생기는 이유는 제대로 이해시키지 못하고 혈기만 내세우기 때문인 경우가 참 많다. 혈기가 올라가면 논쟁을 위한 논쟁이 되고, 싸움을 위한 싸움이 되어 뒤죽박죽 되어버린다.

다행히 이 두 지파 반은 제단에 대한 이야기를 잘 설명하고 이해시킨다. 그랬더니 본문 30절에 "제사장 비느하스와 그와 함께한 회중의 지도자들 곧 이스라엘 천천의 수령들이 르우벤 자손과 갓 자손과 므낫세 자손의 말을 듣고 좋게 여긴지라"라고 한다.

충분한 설명을 듣고 비느하스를 비롯한 일행이 그런 설명을 듣고 오해한 것에 대해 미안스럽게 생각하며 이스라엘 자손들에게 돌아와 이 사실을 알리고(30~32절) 그로 인해 이스라엘 백성들은 하나님께 대한 신앙과 서로 간의 공동체 의식을 다시 한 번 확인함으로 강한 형제애를 맛보게 된다(33~34절).

이렇게 이스라엘 다른 지파 사람들에게 충분하게 이해를 시킨 다음, 르우벤, 갓 자손이 그 제단을 '엣'이라 불렀다 기록하고 있는데 '엣'은 '여호와께서 하나님이 되시는 증거'라는 뜻이었다.

"르우벤 자손과 갓 자손이 그 제단을 엣이라 불렀으니 우리 사이에 이 제단은 여호와께서 하나님이 되시는 증거라 함이었더라"(22:34)

교회 안에서의 분쟁과 싸움은 모두 하나님의 의를 드러내기 위함이어야 하고, 하나의 목소리를 만들어야 한다.

분명 그 사안에는 각기 다른 의견과 충돌이 있을 수 있다. 그러므로 지혜롭게 설명하고 이해시키는 일은 중요하다.

반대자 입장일 때, 물리적이고 소모적인 논쟁을 피한다.

쉽게 말해, 들어주는 귀가 필요하다. 그리고 포용력 있는 넓은 마음과 당사자 간의 합리적인 판단과 지혜로운 결과를 세우는 것이 필요하다.

그 내용을 귀 기울여 들으며 그렇게 행동하는 충분한 근거가 되는지를 살피고, 충분한 근거가 하나님이 원하시고 기뻐하시는 일인지 성경적인 근거를 찾고, 그 근거를 가지고 이성적으로 생각하라는 것이다.

왜 자꾸 교회 내에서 갈등이 일어나고 분쟁이 일어나는가? 우리는 분쟁의 이유를 알고 있다.

'이것이 성경적으로 가는 것이 아니다' 라는 것도 안다. 하지만 그럼에도 불구하고 싸우고 물고 늘어지는 가장 큰 중심에 이권이 개입한 경우가 참 많다.

얼마나 많은 교회에서 예수님의 사역이란 이름으로 자기 잇속을 차리는 사람이 많은지 모른다.

교회 중직이라 하면서 자신의 사업이나 인맥을 통해 예수를 상업적으로 팔아먹는 자들도 너무 많다.

그러므로 우리는 이해득실로 논쟁하며 무엇보다 이런 이성적인 판단에 앞서 기도하며 하나님의 뜻이 명확히 무엇인지에 맞춰나가야 한다.

분쟁도 필요하다. 의견 대립도 필요하다. 하지만 선하고 아름답게 매듭짓는 지혜는 더더욱 필요하다.

교회가 커지고 성장할수록 하나님의 사역도 더 많아지고 다양해질 것이다. 그에 비례하여 갈등은 많아질 것이고, 경쟁도 많아질 것이며, 의견대립도 많아질 것이다.

그럴 때, 어떤 집단적 이익에 앞서 하나님의 준엄한 판단과 기준에 서고 충분히 하나 되어 기도한다면 아름답게 한 목표와 목적을 향해 나아갈 수 있다. 갈등 해결은 더 뜨거운 동지애를 만든다.

이들의 분쟁 해결에서 가장 크고 중요했던 것은 신중한 태도였다. 잘 설명하였고, 잘 들어주었고, 잘 이해해주었다.

그것은 그들 신앙의 공통 목적인 하나님을 향한 믿음이 더욱 견고해서 가능했던 것이다. 그리고 그러한 갈등 해결로 지파 간의 오해가 불식되고 온 이스라엘이 하나님을 찬양하며 즐거워했다(30~34

절).

이러한 포용력과 감싸줄 수 있는 넓은 마음을 가지고 더욱 더 교회의 모든 사역에 관심을 갖고 함께 기도하며 노력하길 바란다.

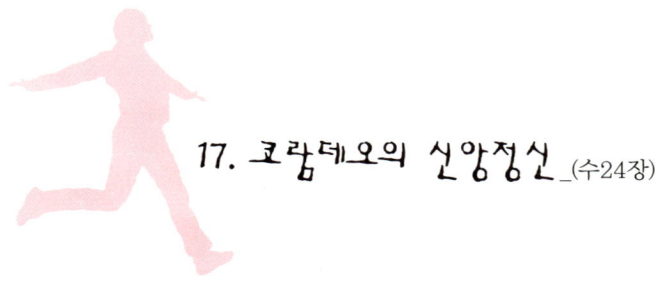

17. 코람데오의 신앙정신 _(수24장)_

우리는 이 세상의 수고를 모두 마친 후 하나님 앞에 서게 된다. 이것은 분명한 사실이다. 그리고 하나님과 대면할 그때, 당신은 자신이 있는가? 하루하루를 하나님의 뜻대로 성실하게 삼아감으로 하나님 앞에서 부끄럽지 않은 인생이 되길 바란다.

여호수아 24장에 처음 시작하는 1절에서부터 우리가 주목해서 봐야 할 구절이 있다. 그것은 '하나님 앞에'라는 구절이다.

"여호수아가 이스라엘 모든 지파를 세겜에 모으고 이스라엘 장로들과 그들의 수령들과 재판장들과 관리들을 부르매 그들이 하나님 앞에 나와 선지라" (24:1)

여호수아는 이스라엘 모든 지파들을 세겜에 불러 모았다. 그러자 여호수아와 이스라엘 모든 지파들이 '하나님 앞에' 나아와 섰다. 여기서 '하나님 앞에'라는 말이 의미심장하다.

화려한 삶을 살았던 솔로몬이 인생 말년에 내린 결론은 "헛되고 헛되며 헛되고 헛되니 모든 것이 헛되도다 해 아래에서 수고하는 모든 수고가 사람에게 무엇이 유익한가"였다.

그 많은 재물, 돈과 명예와 수많은 아내들, 모든 것을 소유했던 그가 마지막에 쏟아낸 말은 '헛됨'이었다.

예를 들어, 별로 돈도 벌지 못하고, 별로 명예도 없는 평범한 소시민이 "인생은 정말 헛된 거야. 돈도, 명예도 헛된 거고, 사랑도 허망한 거야"라고 했다면, 그 말에 긍정은 할지 몰라도 큰 설득력은 없다.그런데 모든 것을 누리고, 가질 것을 모두 가졌던, 최고의 부와 명예와 권력을 누려본 솔로몬이 인생에 대해 헛되다고 고백했다는 것에는 "저렇게 모든 걸 다 누려봤는데도 저런 고백이 나오는 거 보니 정말 눈앞의 인생만을 움켜쥐고 사는 인생은 헛된 인생이구나."라고 모두 공감할 것이다.

바울은 예수님을 영접한 후 세상의 모든 학문을 배설물로 여겼다고 했다. 전혀 배우지 못한 일자무식의 뱃사람으로 잔뼈가 굵은 베드로 같은 사람이 그런 말을 했다면 크게 공감하지 않겠지만, 당시 유대의 정신적 지도자였던 가말리엘에게 교육받은 최고의 엘리트 바울이 "세상 지식은 정말 배설물과 같다. 오직 예수님의 복음이 가장 고상한 지식이다."라고 말했으니 우리는 그 의미를 더 깊이 있게 받아들인 것이다.

우리는 현재 어떻게 사는가가 더 중요하며, 어떤 목적으로 사는 게 값지게 사는 것인지에 대한 깊은 반성과 각성이 있어야 될 줄로 믿는다.

우리가 잘 아는 대중가수 박진영 씨도 돈, 명예, 사랑을 모두 얻어

봤지만 결국엔 채워지지 않고 여전히 허전했다고 고백한다. 그의 10집 앨범 하프타임에 '놀 만큼 놀아봤어' 라는 노래의 가사이다.

"난 놀 만큼 놀아봤어. 또 벌 만큼 벌어봤어. 예쁜 여자, 섹시한 여자, 함께 즐길 만큼 즐겨봤어. 결국엔 또 허전했어."

그렇게 모든 걸 가져보고 느꼈봤던 박진영 씨의 고백은 '허전함'이었다. 세상의 모든 것을 얻어 본 것 같지만, 결국 그 화려함 뒤에는 헛됨만 남더란다. 채워지지 않는 그 무언가가 그를 괴롭혔고 고뇌하게 만들었던 것이다.

그 노래 가사 말미에 "눈 감을 때 두렵지 않기를, 눈 감을 때 웃을 수 있기를"라는 가사가 있다.

이것은 무엇을 말하는가? 박진영 씨는 진리에 대한 목마름이 있지만 확고한 믿음이 없어서 사실 죽음을 걱정하고 있다.

그런데, 박진영 씨의 노래를 조금 더 자세히 살펴보니 노래 중간 중간에게 후렴구로 'save me, please save me' 라는 말이 나온다. 간구하듯 '제발 나를 구원해줘, 나를 구해줘….'

지금 인생의 허무주의를 말하고자 하는 것이 아니다. 세상의 모든 가치 있는 것, 소중한 것, 최고의 지식적인 것도 하나님의 가치를 능가할 수 없다는 말이다.

세상의 모든 지식과 인간이 나름대로 바벨탑처럼 쌓았다는 그 테크놀로지로 하나님의 권능의 꼭대기에 설 수 없다는 말이다.

우리가 마지막에 하나님 앞에 섰을 때 당당해지기를 바란다. 그때 하나님께서 "그래, 네가 사는 동안 정말 수고 많았다. 내 귀한 사역 잘 감당했다." 이런 칭찬의 소리를 들어야지, "너, 이러고도 천국 가길 바라니?"라는 말을 들어선 안 될 것이다.

세상에서 아무리 잘하고, 아무리 열심히 주님의 일을 감당했다고 하더라도, 온전히 하나님께 향한 마음이 아니었다면 그 모든 수고가 헛될 수 있다.

남을 의식해서, 보여주기 위한 바리새인 같은 마음이었다면, 나를 드러내기 위한 행동이었다면 아무리 많은 일을 해도 하나님 앞에서 떳떳하지 못할 것이다.

그래서 무슨 일을 하든, 어떤 일을 감당하든 하나님 앞에서 정말 떳떳하게 감당했는지가 중요하다.

여기서 '하나님 앞에'라는 단어에는 히브리어로 '엘로힘 파님'이라는 단어가 쓰였다. '엘로힘'은 '하나님'을 뜻하고 '파님'은 '~앞에'라는 의미이다.

그런데 이것은 막연한 '하나님 앞에'가 아니라, 너무도 근접해 있는 '그 분 얼굴, 면전 앞에'라는 뜻이다. 하나님과 얼굴과 얼굴을 맞대고 대면하는 그 상태를 말한다.

마찬가지로 우리가 일상에서 하나님 앞에 서 있다고 생각한다면 가끔 흐트러지고 느슨해졌던 내 모습도 나사 조이듯 조일 수 있을 것이다. 무슨 일을 하든지 하나님 앞에 서 있다고 생각하자.

'엘로힘 파님', '하나님 앞에'라는 말보다 더 잘 알려진 단어가 '코람데오'라는 단어이며 마찬가지로 '하나님 앞에'라는 단어이다.

여호수아 마지막 장에는 여호수아가 이스라엘 지파를 모아두고

'하나님 앞에 섰다' 라는 표현을 썼는데 이것은 마지막 고별사가 얼마나 엄숙한 분위기에서 진행되었는지 알 수 있는 대목이다.

여호수아는 이스라엘 장로들과 수령들과 재판장들과 관리를 부르고 하나님 앞에 섰다.

여기서 장로는 가장 연로한 자들이며, 수령은 가문의 대표자들이다. 또한 재판장은 소송 사건을 해결하는 직분자이며, 관리들은 행정 업무를 감당하는 자들이었다. 여호수아가 이들을 세겜 땅에 불러 모았다고 기록하고 있다.

몇 년 전 크게 이슈가 되었던 일 중에 북한의 2인자 장성택의 숙청에 관한 것이 있었다.

김정은이 장성택 숙청을 결정한 곳이 백두산 줄기와 연결된 호수인 삼지연이었다고 하는데, 이곳은 김일성의 빨치산 활동의 주요 본거지였고, 저들이 말하고 있는 백두산 혈통의 본거지요, 또한 주체사상의 본거지라고 한다.

그런 뜻 깊은 곳에서 숙청을 결의한 것은 장성택 숙청에 큰 명분을 주며 뿐만 아니라 이를 합리화시키기 위함이었다.

마찬가지로 여호수아는 이스라엘 중진들을 세겜이라는 아주 의미 깊은 곳으로 불러 모았다.

세겜은 이스라엘 역사에서 특별히 신앙적 정서가 서려 있는 의미 있는 장소로 아브라함이 첫 제단을 쌓은 장소이다. 또한 가나안에서 처음으로 언약을 갱신했던 장소이기도 하다(8:30~35).

하지만 세겜은 시련의 땅이기도 했다. 야곱의 딸 디나가 강간당하자 시므온과 레위가 하몰의 아들 세겜과 그 일족을 학살한 장소이며 요셉이 형들의 계략으로 팔려갔던 장소가 바로 세겜이다(창 37:12). 그리고 요셉의 뼈가 마지막으로 묻힌 장소도 세겜이다.

또한 세겜은 모든 우상의 종말을 고했던 장소이기도 하다. 야곱의 집안에 있는 모든 이방 신상과 귀고리들을 묻고 떠났던 장소가 바로 세겜 근처 상수리 나무 아래였다(창 35:4).

이런 유서 깊은 곳에 이스라엘의 중진들을 불러 모아 하나님 앞에서 마지막 엄숙한 고별사를 하고 있는 것이다.

24장에서 여호수아는 먼저 과거를 회고했다. 그 내용이 2~13절까지 나오는데, 회고의 주요 요지는 하나님은 우리를 위해 싸워주신 분이라는 것, 하나님이 싸우시지 않으셨다면 우리는 이 자리, 이 아름답고 거룩한 땅에 거할 수 없었다는 것이다.

그리고 본문 8절은 하나님께서 아모리 족속의 땅에 들어가게 하셨고, 그 땅을 점령하게 해주셨고, 그들을 너희 앞에서 멸절시키셨다고 말하고 또한 10절에서는 하나님이 모압과의 싸움에서 그들을 건져내셨다고 고백하며, 11절에서는 가나안 족속들과의 싸움에서 저들을 이스라엘 손에 넘겨주셨다고 말하고 있다.

자신들의 칼이나 활로 승리한 게 아니라 하나님께서 싸워주셨기 때문에 자신들이 이 아름다운 땅, 젖과 꿀이 흐르는 땅을 차지할 수 있었다고 다시 한 번 상기시키는 것이다.

개인적이든 교회적이든 우리도 늘 이런 반성과 회상이 있어야 한다. 잘한 것, 잘못한 것, 아쉬운 것, 뿌듯한 것, 이 하나하나를 기록해가며 다음날을 준비하는 거울로 삼아야 할 것이다.

여호수아는 과거를 회고하고 반성하며 자신들을 위해 싸워주셨던 하나님을 계속 상기시켰다.

이것은 우리의 생사화복을 주장하시고, 악의 무리에 대해 싸워주실 하나님만 믿고 섬기라는 말을 하기 위함이었다.

지금 여호수아의 고별사가 우리에게 주는 메시지가 무엇인가. 이것은 몇 가지의 대지를 정할 필요도 없다.

딱 한 가지, 그것만 기억하면 된다. 오직 여호와 하나님만을 섬기는 신앙을 가져야 한다는 것이다. 하나님 앞에서 즉 '코람데오'의 신앙정신은 무엇인가? 오직 여호와 하나님만 섬기는 신앙정신이다.

"그러므로 이제는 여호와를 경외하며 온전함과 진실함으로 그를 섬기라 너희의 조상들이 강 저쪽과 애굽에서 섬기던 신들을 치워 버리고 여호와만 섬기라"(24:14)

너무나도 당연한 말씀이지만 이는 곧 하나님만을 섬기는 신앙생활을 말한다. 그런데 온전히 하나님만을 섬기는 데에는 두 가지 필수 요소가 있다. 바로 '온전함'과 '진실함', 이것으로 섬기라는 것이다. 당신은 정말 온전함과 진실함으로 그분을 섬겼는가?

여기 14절의 '온전함'이라는 말은 히브리어 '에메트'라는 단어인데 '진실함, 믿음직함'이란 뜻이다.

여호와께서 '에메트' 하신 분이시므로(출 34:6) 다른 신들을 버리고 여호와 한 분만을 진실하게 섬기자는 의지를 보여주고 있는 것이다.

이런 코람데오의 신앙정신으로 여호수아는 15절에 '나와 내 집은 여호와를 섬기겠노라' 고 결단한다.

코람데오의 신앙은 그냥 단편적으로 내가 하나님을 믿는다, 믿습니다가 아니라, '에메트'와 '타밈' 즉, 온전함과 진실함으로 믿는 것을 말한다. 말씀대로 그대로 실천하면 된다. 온전함으로 믿고 진실하게 섬기자.

하나님은 가끔 우리의 믿음을, 신앙을 다 아시면서도 되묻기도 하시고, 시험하시기도 하신다.

하나님은 욥을 시험하셨다. 그것은 그가 온전하고 순전하지 않아서가 아니었다. 또한 하나님은 아브라함에게 이삭을 바치라 명하셨다. 아브라함이 가슴이 찢어질 듯 아파도 귀한 자식을 하나님께 바칠 거라는 걸 아셨다. 그런데도 시험하셨다.

그것은 더 큰 단련, 더 큰 연단을 통해 더욱 더 굳은 믿음을 주시기 위함이었다.

지금 여호수아도 마찬가지이다. 여호수아는 이스라엘 백성들을 향해 '너희가 여기서 결단을 내려라. 여기서 선택하라. 오늘 너희가 이방신을 믿겠느냐? 아모리 족속의 신들을 섬길 것이냐? 아니면 하나님만 섬기겠느냐?' 라고 말하고 있다.

지금 이스라엘 백성들이 심각한 우상에 빠져 있는 것도, 다른 이방신을 믿고 우상을 세우고 여호와 하나님을 버린 것도 아니다.

오히려 하나님의 기적과 이끄심을 경험함으로 전례 없이 하나님을 잘 믿고 순종하고 따르고 있었다.

그런데 여호수아는 본문 15절에 "만일 여호와를 섬기는 것이 너희에게 좋지 않게 보이거든 너희 조상들이 강 저쪽에서 섬기던 신들이든지 또는 너희가 거주하는 땅에 있는 아모리 족속의 신들이든지 너희가 섬길 자를 오늘 택하라 오직 나와 내 집은 여호와를 섬기겠노라 하니"라고 한다.

여호수아가 왜 반복해서 다짐을 요구하고 왜 선택을 요구하는가? 이왕 하나님 믿으려면 똑 부러지게 잘 믿자는 것이다. 더 굳은 믿음으로 일평생 주님을 따르자는 것이다.

그리고 이제 자신은 하나님의 부르심으로 땅에 묻히게 되겠지만 자라나는 세대들에게는 코람데오의 신앙정신을 가지게 하고 그렇게 교육하라고 말하고 있다.

'온전히, 진실하게 하나님을 확고히 믿어라. 두리뭉실하게 눈치 보고 자꾸 세상적으로 저울질하여 판단할 바엔 아예 하나님을 믿지 말라' 는 의미이다.

여호수아의 이 말에 백성들도 다시 한 번 굳게 다짐한다.

"백성이 대답하여 이르되 우리가 결단코 여호와를 버리고 다른 신들을 섬기기를 하지 아니하오리니 이는 우리 하나님 여호와께서 친히 우리와 우리 조상들을 인도하여 애굽 땅 종 되었던 집에서 올라오게 하시고 우리 목전에서 그 큰 이적들을 행하시고 우리가 행한 모든 길과 우리가 지나온 모든 백성들 중에서 우리를 보호하셨음이며 여호와께서 또 모든 백성과 이 땅에 거주하던 아모리 족속을 우리 앞에서 쫓아내셨음이라 그러므로 우리도 여호와를 섬기리니 그는 우리 하나님이심이니이다 하니라" (24:16~18)

우리도 마찬가지이다. 여호수아가 세겜에 중진들을 모아놓고 '너희들 하나님 제대로 섬길 것이냐. 제대로 진실함으로 순종하겠느냐' 라고 하며 선택하라고 했던 것처럼 우리도 지금 똑같은 선택 앞에 있는 것이다.

이왕 예수님을 믿는 것, 제대로 믿자. 그리고 지금부터라도 새롭게 설계하자. 교회가 들썩거리고, 무엇을 해도 패기와 힘이 넘치고, 교회만 들어와도 기쁨과 소망이 넘쳐나도록 만들자.
안 될 게 뭐 있는가. 하면 된다. 이왕 할 것이고 예수를 믿을 거라면 최선을 다해 최고의 것으로 올려 드리자.
내가 잘 되는 것, 내게 주실 복만 기대하지 말고, 말씀을 사모하고, 기도 열심히 하고, 전도도 열정적으로 하며 최선을 다해 보자.
예수님을 믿는 것은 쉽다. 하지만 예수 '잘' 믿는 건 무척 어렵다. 예수 믿는 자라면 믿음의 증거들이 툭툭 튀어나와야 한다.

변화 없이 살아가는 것은 예수 잘 믿는 게 아니다. '예수 믿음으로 내가 이렇게 변화되었다. 내 삶이 이렇게 값지게 되었다. 내 삶에 소망과 평안이 넘쳐 나게 되었다.
그래서 예수 예수 믿는 것은 받은 증거 많도다' 라고 고백할 수 있어야 한다.

우리는 예수님께 받은 증거가 얼마나 되는가. 이스라엘 백성들이 다시 한 번 하나님을 확고히 믿자고 뜻을 모았듯이 우리도 마음 속으로 확고한 믿음의 고백을 할 수 있어야 한다.
이스라엘 백성들은 또한 17~18절에 세 가지 동사로 이스라엘의 하나님의 일하시는 내역을 표현한다.

하나님은 이스라엘을 애굽에서 '올라오게' 하셨고(17절), 지금까지 '보호해' 주셨으며(17절), 가나안의 일곱 부족들을 '쫓아' 내주셨다(18절)고 고백한다. 그리고 '그는 우리의 하나님이시다. 오직 여호와만 섬기겠다' 고 고백하는 모습을 볼 수 있다.

이들의 신앙 고백은 바로 자신들을 위해 싸워주신 하나님의 역동성을 신앙의 간증으로 삼아 이야기하고 있는 것이다.

이제 여호수아는 확고한 이스라엘 백성들의 다짐을 들었음에도 불구하고 다시 한 번 경고한다.

"너희가 죄를 짓고 이방신들을 섬기면 혹여 복을 내리셨다 하더라도 다시 거두어가실 것이고 재앙을 내리시고 너희를 멸하실 것이라"(:19)

이스라엘 백성들은 여호수아의 말 한마디가 곧 하나님의 말씀을 대언한 것이라고 여겼기 때문에 다시 한 번 확고하게 믿음의 고백을 한다.

"백성이 여호수아에게 말하되 아니니이다 우리가 여호와를 섬기겠나이다 하는지라 여호수아가 백성에게 이르되 너희가 여호와를 택하고 그를 섬기리라 하였으니 스스로 증인이 되었느니라 하니 그들이 이르되 우리가 증인이 되었나이다 하더라"(24:21~22)

여호수아는 백성들의 말을 듣고 스스로 증인이 되었다고 하고 세겜의 언약을 세운다.

"그날에 여호수아가 세겜에서 백성과 더불어 언약을 맺고 그들을 위하여 율례와 법도를 제정하였더라 여호수아가 이 모든 말씀을 하나님의 율법책에 기록하고 큰 돌을 가져다가 거기 여호와의 성소 곁에 있는 상수리나무 아래에 세우고 모든 백성에게 이르되 보라 이 돌이 우리에게 증거가 되리니 이는 여호와께서 우리에게 하신 모든 말씀을 이 돌이 들었음이니라 그런즉 너희가 너희의 하나님을 부인하지 못하도록 이 돌이 증거가 되리라 하고 백성을 보내어 각기 기업으로 돌아가게 하였더라"(24:25~28)

결의에 찬 경건하고 엄숙한 분위기 속에서 선포된 여호수아의 말에 어울리지 않게 재미있는 장면이 나온다.

여호수아는 이 다짐의 증인으로 누구를 세웠는가? 돌을 세웠다. 이 돌들이 우리에게 증거가 되고, 이 돌들이 여호와께서 하신 모든 말씀을 들었다라고 말하고 있다.

이 준엄한 언약은 하나님 앞에서 코람데오의 정신으로 세워진 거룩한 성약임을 기억하길 바란다.

세상에는 끝이 있다. 우리는 변함없는 세상을 살아가는 것 같지만, 사실은 변하고 있는 세상에 살아가고 있다. 코람데오의 신앙정신은 오직 여호와 하나님만 섬기는 데 있다. 그리고 '에메트'와 '타밈' 즉, 온전함과 진실함으로 섬길 수 있어야 한다.

마지막 하나님 앞에 설 때, 어떤 미련과 후회도 없이 정말 예수를 잘 믿고, 잘 섬기고, 잘 실천하여 뿌듯한 마음을 가질 수 있도록 함께 노력하는 모두가 되길 바란다.

이제부터가 시작이다. 여호수아처럼 뛰라.